33cm 인형을 위한 시대의상 패턴북

돌아뜰리에의

# 낭만주의 인형옷

정지원 지음

라의눈

◇ 당신은 언제나 옳습니다. 그대의 삶을 응원합니다. - 라의눈 출판그룹

돌아뜰리에의
# 낭만주의 인형옷

초판 1쇄 2021년 8월 9일
3쇄 2025년 6월 15일

| | | | |
|---|---|---|---|
| 지은이 | 정지원 | | |
| 펴낸이 | 설응도 | 편집주간 | 안은주 |
| 영업책임 | 양경희 | 디자인책임 | 조은교 |

펴낸곳    라의눈

출판등록    2014년 1월 13일 (제 2019-000228호)
주소    서울시 강남구 테헤란로 78길 14-12(대치동) 동영빌딩 4층
전화    02-466-1283    팩스    02-466-1301

문의 (e-mail)
편집    editor@eyeofra.co.kr
마케팅    marketing@eyeofra.co.kr
경영지원    management@eyeofra.co.kr

ISBN    979-11-88726-81-3    13630

이 책의 저작권은 저자와 출판사에 있습니다.
저작권법에 따라 보호를 받는 저작물이므로 무단전재와 복제를 금합니다.
이 책 내용의 일부 또는 전부를 이용하려면 반드시 저작권자와 출판사의 서면 허락을 받아야 합니다.
잘못 만들어진 책은 구입처에서 교환해드립니다.

### Special Thanks
리페인팅    룰라 @lula_artdoll
바디    디아나돌 twitter.com/dianadoll89
룸박스    가구공장 @doll_jw
가구소품    미니데코 @minideco2216
슈즈    윤맘 @yoonmom_story
스타일링    신선아 @sunashin16

♥ 패턴의 저작권 보호에 대한 주의사항 ♥

이 책에서 소개하는 작품을 복제하여 상업적(점포 및 인터넷 등)으로 무단사용하는 것을 금합니다. 개인적으로 즐기기 위한 용도로만 사용해주세요.

인형과 인형옷에 대해 이야기를 하라면 몇 날 몇 밤이고 계속 말할 수 있다. 그러나 그 많은 이야깃거리를 혼자서 떠든다면 무슨 의미일까? 내 이야기를 들어주고 느낌을 말해주며 응원하기도 하고 그건 아니라고 말해 줄 수 있는 분들이 너무도 많아진 요즘, 벌써 인형의 세계에서 숨 쉬며 산 지 20년 세월이 되었다.

부동산 세계에서는 개발 예정지라는 단어가 있지만 인형의 세계는 그렇지 않아서 처음 이 세계에 들어왔을 때에는 과연 내가 할 수 있는 일들을 사람들과 어떤 방식으로 소통해야 할지를 고민하는 것조차 사치였다. 인형을 좋아하는 성인을 이해하지 못하는 사회적 인식이 그러하였고 인형에 대한 취향이나 표현 기법을 익히는 것들에 대해 선뜻 시작의 첫발을 내딛으려면 적지 않은 용기가 필요한 시절이었다.

그러나 내가 운이 좋아 시대를 잘 타고 태어났는지 아니면 나를 포함한 다소 먼저 시작한 편에 속하는 사람들의 부단한 노력 덕분인지 요즘은 누군가 내게 직업이 무엇이냐 물을 때 "수제인형작가입니다."라고 말하고 나서는 스스로 뭔지 모를 뿌듯함과 함께 '뭔가 삶의 여유와 아름다움을 누리는 주인공이 되었구나' 하는 행복을 느끼며 살고 있다.

인형에 대한 세 번째 책을 펴내게 되었고 그 책의 2쇄가 나왔다. 앞으로도 책은 계속 만들 생각이고 분명히 그렇게 할 계획을 가지고 있다. 그 길에서 가장 가까이에 있으면서 내가 이 일을 하는 것을 인정해주고 많은 양보를 해주는 사랑하는 가족들에게 고마움을 전한다. 세 번째 책을 내기까지 짧지 않은 세월 동안 소통하며 이어온 귀한 인연들이 생각난다. 첫 책 작업을 함께 해주신 감성 인형옷 디자인의 달인 김성미 로지쏘잉 작가님, 보그니트 전문 안나쌤과 나를 마이크로니팅의 세계로 안내해준 미누쌤 님께 잊을 수 없는 감사함을 이번 책의 지면에서도 다시금 확인해본다. 나보다도 내 필요를 더 잘 알고 빈틈없는 배려와 도움을 아낌없이 베풀어주는 소중한 동역자 카타리나도….

아울러 인형계에서 변함없이 지켜봐주고 응원해주시는 마니아와 팬분들께 깊은 감사를 전하면서 마음으로 그분들의 손을 꼭 잡아 드린다. 그리고 귀한 기회를 열어 주시고 오래도록 믿고 기다려 주신 출판사 라의눈의 따뜻한 양해를 잊지 않을 것이다. 마지막으로 가톨릭 신자인 나를 기도 중에 기억해 주시는 신부님들과 수녀님들 그리고 본당 교우분들께도 살면서 은혜를 갚겠다는 말씀드리고 싶다.


저자 정지원

## Contents

prologue ············································· 3
도구 소개 ············································ 5
간단 바느질 기법 ································ 6

### Inner & Night Wear
브리프 & 캐미솔 ································ 38
드로어즈 ············································· 42
페티코트 ············································· 45
코르셋 슬립 드레스 ···························· 48
잠옷 드레스 ········································ 53
잠옷 바지 ············································ 58
슬리핑 캡 & 룸 슬리퍼 ······················ 61

### Cinderella's sisters
드리젤라의 이너 드레스 ····················· 68
드리젤라의 재킷 ································ 73
드리젤라의 보닛 & 레이스 장갑 ········ 76
드리젤라의 토트백 ····························· 81
아나스타샤의 이너 드레스 ················· 84
아나스타샤의 아웃가먼트 ··················· 88
아나스타샤의 보닛 & 긴 장갑 ············ 92
아나스타샤의 토트백 ·························· 96

### Little Women
메그의 드레스 ···································· 102
메그의 롱 케이프 ······························· 107
메그의 보닛 & 핸드머프 ···················· 112
조의 셔츠 블라우스 ···························· 118
조의 롱 스커트 ··································· 122
조의 재킷 & 머플러 ··························· 125
베스의 드롭 숄더 드레스 ··················· 129
베스의 이너 팬츠 ······························· 134
에이미의 핀턱 블라우스 ····················· 138
에이미의 개더스커트 ·························· 144
에이미의 작업용 에이프런 & 토시 ····· 147

### Little Tasha & Melanie
리틀 타샤의 이너 스커트 & 데일리 드레스 ······· 154
리틀 타샤의 린넨 에이프런 & 광목 스카프 ······· 158
리틀 타샤의 데일리 보닛 ····················· 162
멜라니의 케이지 크리놀린 ··················· 165
멜라니의 이너 스커트 ·························· 171
멜라니의 크리놀린 스커트 ··················· 174
멜라니의 블라우스 ······························· 177
* 실물 패턴 ········································· 181

## 도구 소개

① 실
원단의 색상에 맞는 재봉실로 경우에 따라서는 퀼트실을 사용할 수 있습니다. 장식을 위한 자수를 놓을 경우에는 자수 전용 색실을 사용합니다.

② 바늘과 시침핀이 꽂힌 핀쿠션
바느질에 필요한 바늘과 고정을 위한 시침핀을 안전하게 꽂아서 간수합니다.

③ 재단가위들
원단을 자르는 전용 가위로 다양한 크기로 경우에 따라 편하게 선택하여 사용합니다. 원단 이외의 물질을 자르게 되면 가위날이 상하므로 주의합니다.

④ 실뜯개
바느질 수정시 실을 제거할 때 사용하는 도구입니다.

⑤ 실가위
실밥을 제거하거나 바느질을 마무리할 때 실을 자르는 작은 가위입니다.

⑥ 실끼우개
바늘귀에 실을 수월하게 끼울 수 있게 보조하는 도구입니다.

⑦ 열펜
다리미 열로 잉크가 사라지는 펜입니다.

⑧ 재단펜
수성펜 및 열펜의 다양한 형태입니다. 흰색의 경우 다리미 열로 사라지는 재단펜인데 짙은 색 원단에 사용하면 적합합니다.

⑨ 올풀림방지액
오버로크가 번거롭거나 용이하지 않을 경우 작은 인형옷의 시접 가장자리에 바르면 올이 풀리지 않도록 원단을 고정해줍니다.

⑩ 미니 곡자
패턴을 그릴 때 선을 자연스럽고 깔끔하게 그릴 수 있는 인형옷 전용 곡자입니다.

⑪ 줄자
치수를 잴 때 사용합니다.

⑫ 30cm 눈금자
직선을 그을 때 사용하며 시접 간격을 표시할 때 유용합니다.

⑬ 겸자
두 겹의 패턴을 바느질하여 뒤집거나 솜을 충전할 때 사용합니다.

⑭ 글루건
전기를 사용해 뜨거운 전열로 장착된 실리콘 심을 녹여서 필요 부위에 해당 재료 등을 접착하여 고정할 때 사용합니다.

⑮ 실리콘 글루건 심
글루건에 끼워서 전열로 녹여 접착하는 매개체 역할을 합니다.

⑯ 미니 다리미 또는 다리미
작은 인형옷의 시접선을 다리거나 섬세한 위치를 다려줄 때 유용한 인두 형태의 미니 다리미로, 이 다리미가 없을 경우 일반 다리미 사용도 무방합니다.

⑰ 라이터
올풀림이 심한 공단 리본 끝이나 원단 가장자리에 열을 가해 올풀림을 방지할 때 사용합니다.

## 간단 바느질 기법

### 홈질과 주름홈질

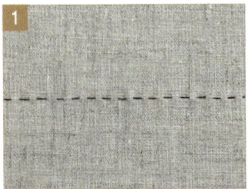

**[홈질]** 패턴을 연결하거나 단 처리를 하는 등의 다양한 용도로 활용하는 가장 기본적인 바느질로 일정 간격의 바늘땀을 유지합니다.

**[주름홈질]** 치마 허리 및 퍼프 소매 등의 주름을 잡을 경우에 쓰는 바느질로 두 줄을 동일한 바늘땀으로 홈질합니다.

두 줄의 홈질을 한 후 실을 동시에 잡아당기면 시접이 말리지 않고 깔끔하게 주름이 잡힙니다.

### 가름솔

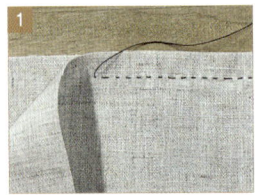
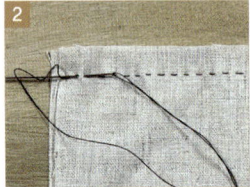

연결을 해야 하는 두 장의 패턴을 겉면끼리 마주 닿도록 잘 겹쳐서 촘촘한 홈질을 합니다.

바느질을 모두 완료한 후 바늘의 뾰족한 부분에 실을 2~3회 감아줍니다.

실이 감겨진 상태에서 바늘만 빼서 잡아당깁니다.

실을 바짝 당겨주면 자연스럽게 바느질의 끝 부분에 매듭이 생성되고, 가위로 실의 끝을 잘라줍니다.

안쪽 면의 두 겹 시접을 양쪽으로 펼쳐서 다리미로 잘 다려주면 시접이 갈라진 형태인 가름솔이 완성됩니다. 가름솔은 어깨선, 허리 옆선, 스커트 이음선 등의 솔기 시접 처리에 흔히 쓰입니다.

### 공그르기

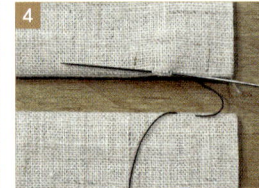

실땀의 모습이 겉으로 드러나지 않는 바느질 기법으로 시접이 접힌 상태에서 두 개의 패턴을 연결하는 데에 사용됩니다. 실을 바늘귀에 꿰어 접힌 시접 겉 쪽으로 빼줍니다.

실이 나온 지점에서 수직으로 내려와 바늘땀을 한 땀 떠줍니다.

한 땀 뜬 상태의 바늘을 빼냅니다.

바늘이 나온 위치에서 수직으로 올라간 지점에서 다시 한 땀을 떠줍니다.

바늘을 뺀 후 다시 수직으로 내려온 위치를 한 땀 떠줍니다.

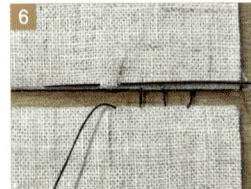
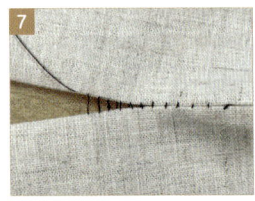
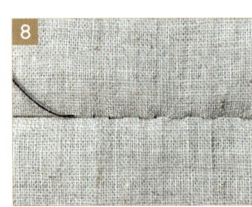

이 과정을 필요한 만큼 반복하되 반드시 수직으로 움직여야 실땀이 겉으로 노출되지 않습니다.

이 과정을 진행하면서 중간중간 실을 당겨줍니다.

실땀이 겉으로 노출되지 않는 것이 특징인 공그르기가 완성된 연결 부위 모습입니다.

## 감침질

1. 바늘귀에 실을 꿰고 원단 뒤에서 앞으로 바늘을 빼면서 시작합니다.
2. 실을 당겨줍니다.
3. 다시 바늘을 원단 뒤에서 앞으로 빼냅니다.
4. 실을 당깁니다.
5. 이 과정을 반복합니다. 감침질은 시접의 올풀림을 방지하는 용도로 자주 사용됩니다.

## 비즈와 함께 카메오 고정하기

1. 카메오 동판의 구멍을 직접 바느질로만 연결하면 실땀이 노출되어 깔끔하지 않으므로 비즈와 함께 고정하는 기법을 익혀 봅니다.
2. 원단의 겉면 쪽으로 실을 빼줍니다.
3. 실을 꿴 바늘로 카메오 동판의 한쪽 구멍을 통과합니다.
4. 그 상태에서 시드비즈를 한 알 꿰어 봅니다.
5. 시드비즈를 꿴 상태에서 다시 바늘을 동판의 구멍 안으로 U턴하여 통과시켜서 처음에 실을 빼낸 원단 지점에서 약 0.1cm 비켜간 위치의 원단 뒤쪽 면으로 실을 빼줍니다.

6. 실을 당기면 카메오 동판의 구멍 위치에 시드비즈가 함께 고정됩니다.
7. 동판의 하단 구멍을 통과하여 실을 밖으로 빼줍니다.
8. 동일한 방법으로 시드비즈를 꿴 상태에서 다시 바늘을 동판의 구멍 안으로 U턴하여 통과시켜서 처음에 실을 빼낸 원단 지점에서 약 0.1cm 비켜간 위치의 원단 뒤쪽 면으로 실을 빼줍니다.
9. 원단의 뒷면 모습입니다. 바늘의 뾰족한 부분에 실을 2~3바퀴 감아줍니다.
10. 실을 당겨 매듭을 지은 후 가위로 실의 끝을 잘라줍니다.

11. 카메오를 고정한 원단의 뒷면 모습입니다.
12. 카메오는 실밥이 보이지 않으면서 시드비즈와 함께 깔끔하게 고정되었습니다.

브리프 & 캐미솔 만드는 법 p.34, 드로어즈 만드는 법 p.42, 페티코트 만드는 법 p.45, 코르셋 슬립 드레스 만드는 법 p.49

잠옷 드레스 만드는 법 p.53
잠옷 바지 만드는 법 p.58
슬리핑 캡 & 룸 슬리퍼 만드는 법 p.61

아나스타샤의 이너 드레스 만드는 법 p.84, 아나스타샤의 아웃가먼트 만드는 법 p.88, 아나스타샤의 보닛 & 긴 장갑 만드는 법 p.92, 아나스타샤의 토트백 만드는 법 p.96
드리젤라의 이너 드레스 만드는 법 p.68, 드리젤라의 재킷 만드는 법 p.73, 드리젤라의 보닛 & 레이스 장갑 만드는 법 p.76, 드리젤라의 토트백 만드는 법 p.81

메그의 롱 케이프 만드는 법 p.107, 메그의 보닛 & 핸드머프 만드는 법 p.112, 메그의 드레스 만드는 법 p.102

조의 셔츠 블라우스 만드는 법 p.118, 조의 롱 스커트 만드는 법 p.122, 조의 재킷 만드는 법 p.125

베스의 드롭 숄더 드레스 만드는 법 p.129, 베스의 이너 팬츠 만드는 법 p.134

에이미의 핀턱 블라우스 만드는 법 p.138, 에이미의 개더스커트 만드는 법 p.144, 에이미의 작업용 에이프런 & 토시 만드는 법 p.147

리틀 타샤의 이너 스카트 & 테일러 드레스 만드는 법 p.154
리틀 타샤의 런비 에이프런 & 랩톱 스카프 만드는 법 p.158
리틀 타샤의 테일러 보닛 만드는 법 p.162

멜라니의 크리놀린 스커트 만드는 법 p.174, 멜라니의 블라우스 만드는 법 p.177

멜라니의 케이지 크리놀린 만드는 법 p.165, 멜라니의 이너 스커트 만드는 법 p.171

# Brief & Camisole

브리프 & 캐미솔

• materials •

**브리프**: 50수 코튼 자카드 35 x 25cm, 폭 1cm 프릴레이스 20cm, 후크 1개  **캐미솔**: 50수 코튼 자카드 35 x 17cm, 폭 1cm 레이스테이프 65cm, 시드비즈 4~5알, 폭 0.4cm 리본테이프 20cm, 후크 1개

• How To Make •

1 실물 패턴: P.181 수록

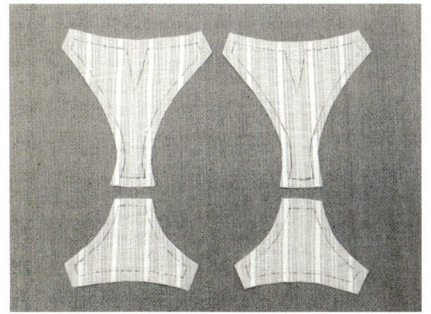

브리프의 앞판과 뒤판을 재단합니다. 겉감, 안감 총 4장을 준비하세요.

2

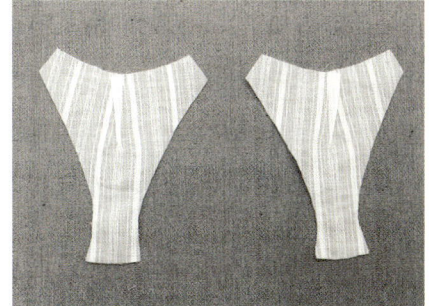

뒤판의 다트 부분을 재봉해서 시접을 한쪽으로 접은 후 다림질합니다. 겉감, 안감 똑같이 해주세요.

3

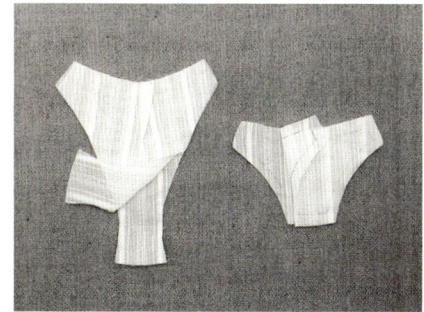

브리프 뒤판의 겉감과 안감, 앞판의 겉감과 안감을 각각 겉끼리 마주댑니다.

4

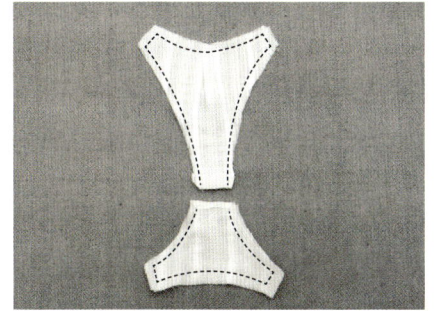

앞뒤판 연결 부분의 시접을 각각 안쪽으로 접어 넣고, 완성선을 따라 바느질합니다. 손바느질의 경우 촘촘한 홈질을 해주세요.

5

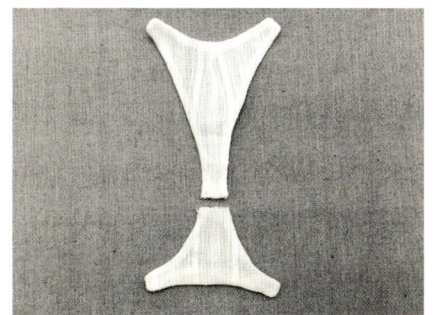

시접의 곡선 및 꺾인 부분에 가위집을 넣고, 연결 부분을 창구멍 삼아 겉으로 뒤집어 다림질합니다.

6

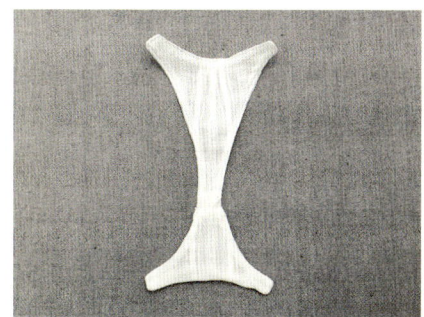

공그르기로 앞뒤판을 연결합니다. 겉감, 안감 모두 연결해주세요.

7

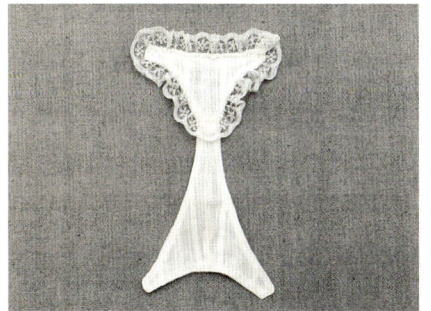

앞판 가장자리에 폭 1cm의 프릴레이스를 빙 둘러 바느질로 고정합니다.

8

한쪽 옆선은 공그르기로 연결하고, 다른 쪽 옆선에 후크와 실고리를 달아 여밈을 만듭니다. (패턴의 위치 참고)

9

나비리본을 만들어 앞중심에 달아주면 브리프 완성.

• How To Make •

1  실물 패턴: P.181 수록

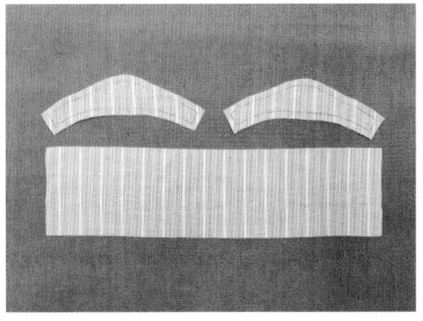

캐미솔의 가슴둘레 패턴 겉감, 안감을 1장씩 재단합니다. 몸판도 35 x 8.5cm 1장을 재단합니다.

2

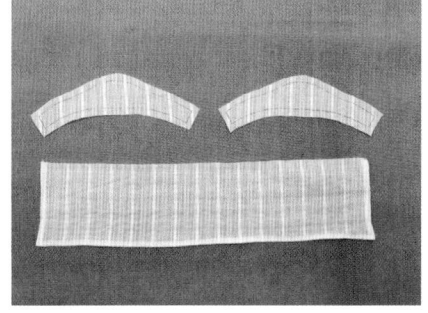

몸판의 양옆과 밑단 시접을 0.3cm씩 2번 말아 접어서, 촘촘한 바느질로 단 처리를 합니다.

3

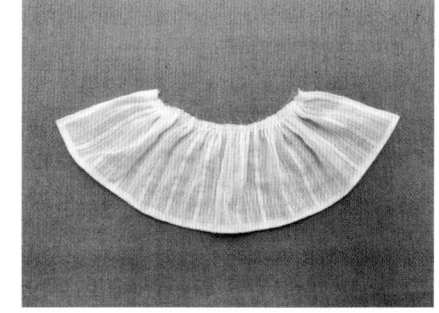

몸판 윗단에 주름홈질을 합니다. 가슴둘레 패턴 밑단(시접 제외)과 같은 길이가 되도록 줄여 매듭을 짓고, 주름이 균일하도록 정돈합니다.

4

주름 잡은 몸판 윗단과 가슴둘레 밑단을 겉끼리 마주대어 바느질해 연결합니다.

5

시접은 자연스럽게 위로 향하도록 합니다.

6

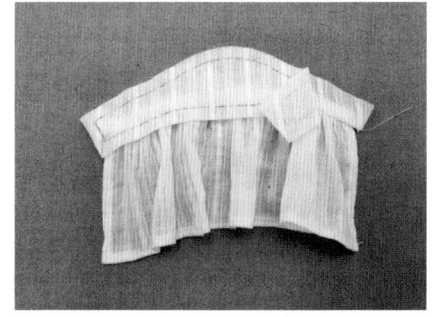

캐미솔의 가슴둘레 겉감 위에 가슴둘레 안감을 겉끼리 마주댑니다.

7

가슴둘레 겉감과 안감의 좌우 옆선과 윗단을 바느질합니다.

8

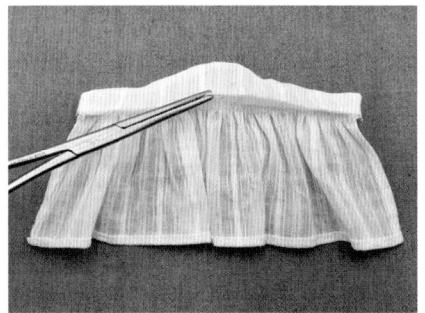

시접의 각진 모서리는 잘라내고 곡선 부분엔 가위집을 넣습니다. 가슴둘레 패턴을 겉으로 뒤집어 모양을 정돈합니다.

9

가슴둘레 안감의 밑단 시접을 안으로 접어넣고 공그르기 합니다. 솔기에서 0.2cm 간격을 두고 가슴둘레 쪽에 상침하고, 몸판 밑단에 레이스테이프를 달아줍니다.

10

가슴둘레 앞중심에 시드비즈를 4~5알 달아주고, 레이스 테이프로 길게 늘어지는 니비리본을 만들어 가슴둘레 밑단 중심에 고정합니다.

11

어깨끈용 리본테이프를 2등분해서, 양끝 여유 1cm씩 남기고 가슴둘레 한쪽에 바느질로 고정합니다. 가슴둘레 끝에 실고리를 만듭니다. (패턴의 위치 참고)

12

다른 쪽에도 어깨끈을 바느질로 고정하고, 가슴둘레 끝에 후크를 달아줍니다. (패턴의 위치 참고)

13

캐미솔 완성.

# Drawers

드로어즈

50수 코튼 자카드 45 x 30cm, 폭 1cm 레이스테이프 100cm, 고무줄 22cm, 후크 1개

• How To Make •

1 실물 패턴: P.182 수록

원단 위에 드로어즈 패턴(시접 제외)을 올려놓고, 핀턱 분량을 감안해 대충 재단합니다.

2

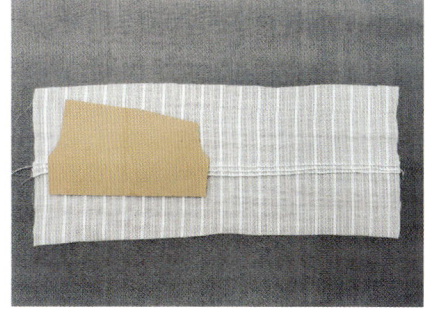

원단 아래에서 약 4cm 위치에서 시작해 0.5cm 간격으로 핀턱 3줄을 잡아줍니다. 핀턱의 폭은 0.2cm를 넘지 않아야 합니다.

3

패턴의 핀턱 라인에 맞춰, 드로어즈를 좌우 대칭으로 1쌍 재단합니다. 이때 밑단 시접은 3.5cm 남깁니다.

4

남은 원단에 드로어즈 허리둘레 패턴도 겉감 1장, 안감 1장을 재단합니다.

5

밑단 시접을 0.3cm씩 2번 안쪽으로 말아 접어서 다림질합니다. 폭 1cm 레이스테이프를 밑단 아래에 겹쳐서, 겉에서 일부가 보이도록 바느질합니다.

6

준비한 고무줄을 2등분해, 레이스 단에서 3cm 올라간 위치에 바느질로 고정합니다. 이때 고무줄을 늘인 상태에서 재봉틀로 박으면 수월합니다.

7

드로어즈 좌우 모두 고무줄을 달아준 상태에서 앞쪽 밑위를 바느질로 연결합니다. 시접의 곡선 부분에 가위집을 넣은 후 가름솔합니다.

8

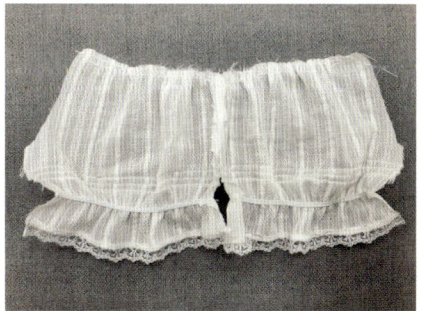

드로어즈 허리 라인 시접에 주름홈질해서, 허리둘레 패턴의 밑단 길이인 19cm로 줄여줍니다. 주름이 균일하도록 정돈합니다.

9

드로어즈 허리 라인과 허리둘레 밑단을 겉끼리 마주대어 완성선을 바느질합니다.

10

**시접은 자연스럽게 허리둘레 패턴 쪽으로 향하게 합니다.**

11

허리둘레 겉감 위에 허리둘레 안감을 겉끼리 마주댑니다.

12

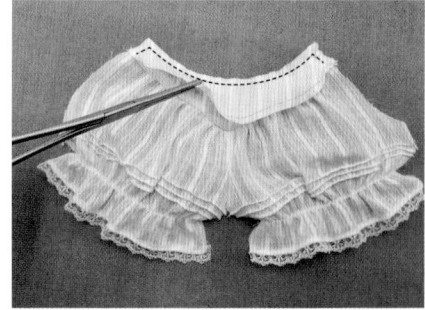

허리둘레 안감의 밑단 시접을 접은 상태에서 옆선과 허리라인을 바느질합니다. 시접의 곡선 및 각진 부분에 가위집을 넣어줍니다.

13

허리둘레 패턴을 겉으로 뒤집어 모양을 정돈합니다.

14

허리둘레 안감의 밑단 시접을 안으로 접어넣고 시침핀으로 고정합니다. 솔기에서 0.2cm 간격을 두고 허리둘레 밑단에 상침합니다.

15

윗단에서 4cm 남기고 드로어즈 뒤쪽 밑위를 바느질한 후 시접은 가름솔합니다. 트인 부분은 시접을 안쪽으로 접어넣고 상침합니다.

16

드로어즈를 안쪽으로 뒤집어서 밑아래를 바느질합니다.

17

허리둘레의 트임 부분에 후크와 실고리를 달아 줍니다. (패턴의 위치 참고)

18

남은 리본테이프로 나비리본을 만들어, 양옆 고무줄 라인과 허리둘레 중앙에 달아주면 드로어즈 완성.

# *Petticoat*

### 페티코트

— • materials • —

50수 코튼 자카드 140 x 18cm, 폭 2.5cm 레이스테이프 180cm, 장식용 프릴레이스 60cm, 후크 1개

• How To Make •

1 실물 패턴: P.182 수록

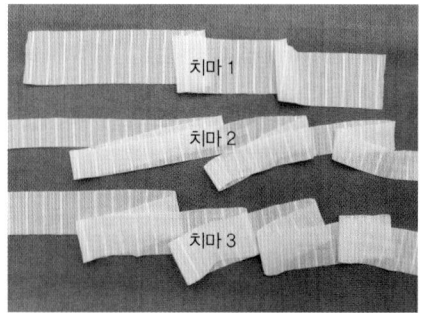

페티코트 치마1(60 x 7cm), 치마2(140 x 4cm), 치마3(140 x 5.5cm)을 각각 1장씩 재단합니다.

2

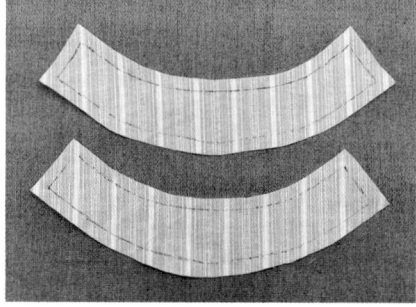

남은 원단으로 페티코트의 허리둘레 패턴을 겉감 1장, 안감 1장 재단합니다.

3

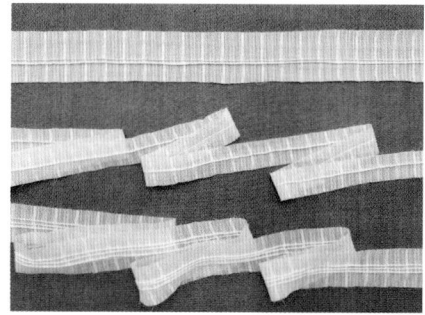

[핀턱 잡기] 치마1은 윗단에서 3.5cm 위치부터 2줄, 치마2는 윗단에서 1.5cm 위치에 1줄, 치마3은 윗단에서 1.5cm 위치부터 3줄 잡아줍니다. 이때 핀턱 폭은 모두 0.1~0.2cm, 핀턱 간격은 0.5cm, 방향은 아래쪽입니다.

4

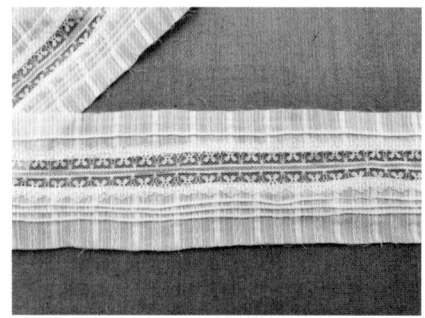

[치마2 치마3 연결하기] 치마2 밑단과 치마3 윗단을 각 0.4cm씩 안으로 접어 다림질합니다. 두 패턴 사이에 레이스테이프를 올려 바느질합니다. 레이스테이프의 가장자리는 겉면에 위치합니다.

5

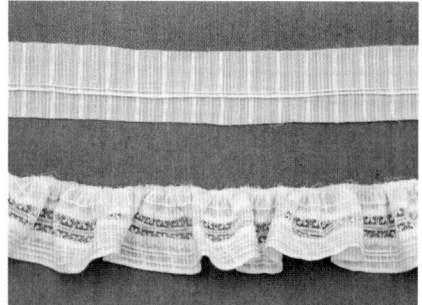

치마2의 윗단에 주름홈질해, 치마1의 폭 60cm가 되도록 줄여줍니다. 주름이 균일하도록 정돈합니다.

6

[치마1 치마2 연결하기] 주름 잡은 치마2와 치마1을 겉끼리 마주대어 바느질합니다. 이때 치마1의 핀턱 방향에 유의하세요.

7

치마1, 치마2, 치마3이 모두 연결된 모습입니다.

8

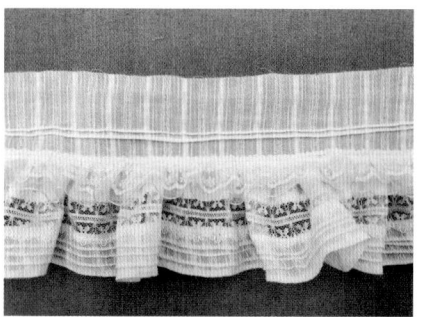

치마1과 치마2의 연결 부분에 프릴레이스를 바느질해 달아주세요.

9

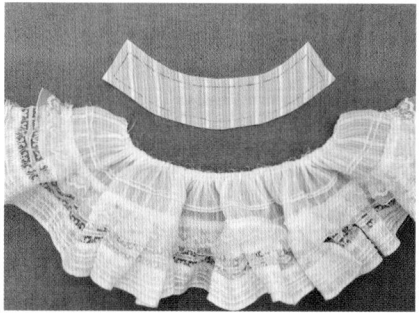

치마 윗단에 주름홈질해서, 허리둘레 패턴의 밑단 길이에 맞춰 줄여줍니다.

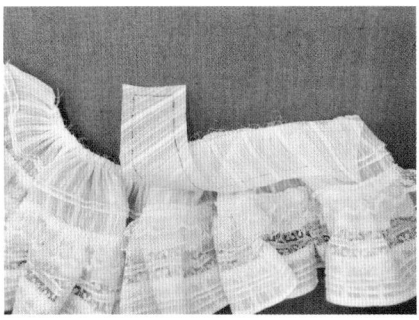

10

치마 윗단과 허리둘레 겉감의 밑단을 겉끼리 마주대어 바느질합니다.

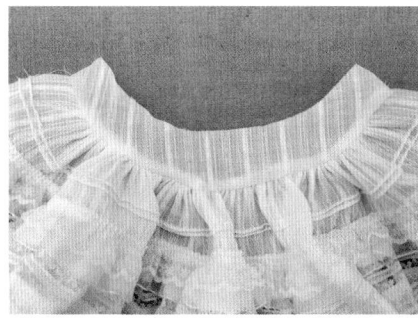

11

시접은 자연스럽게 허리둘레 쪽으로 향하게 합니다.

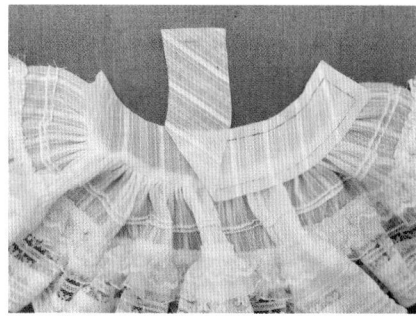

12

허리둘레 겉감 위에 허리둘레 안감을 겉끼리 마주댑니다.

13

허리둘레 겉감과 안감의 양 옆선과 윗단을 바느질합니다.

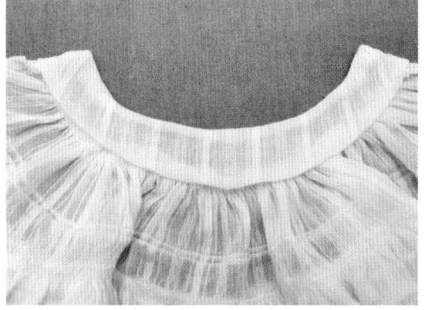

14

시접의 곡선이나 각진 부분에 가위집을 넣고, 겉으로 뒤집어 모양을 정돈한 후 다림질합니다. 허리둘레 안감의 밑단 시접도 접어 다림질합니다.

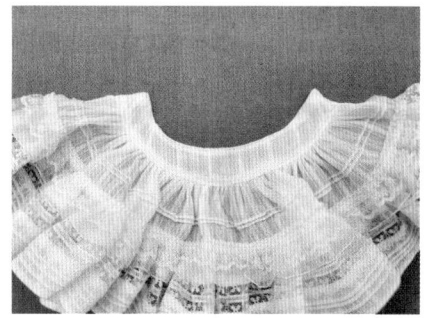

15

솔기에서 약 0.2cm 간격을 두고 허리둘레 밑단에 상침합니다.

16

페티코트의 뒤중심을 위에서 5cm 남기고 바느질한 후 시접은 가름솔합니다. 트임 부분의 시접은 안쪽으로 접고 상침합니다.

17

허리둘레 뒤중심에 후크와 실고리를 달아 여밈을 만듭니다. (패턴의 위치 참고)

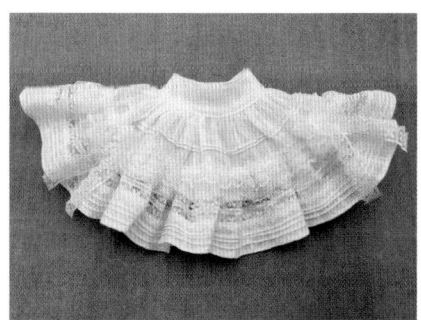

18

남은 레이스테이프를 2등분해 나비리본 2개를 만듭니다. 끝이 밑단 아래로 살짝 내려오도록, 페티코트 양옆 프릴레이스 위치에 달아주면 완성.

## Corset Slip Dress

코르셋 슬립 드레스

• materials •

50수 코튼 자카드 70 x 20cm, 폭 2.5cm 레이스테이프 150cm, 후크링 8개

• How To Make •

1 실물 패턴: P.181 수록

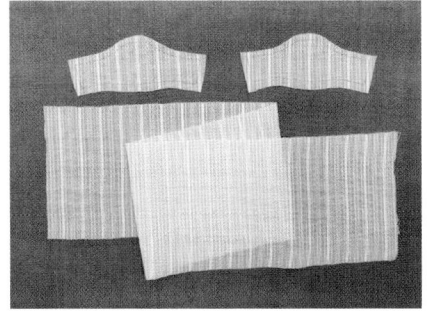

치마 패턴은 70 x 14cm로 1장 재단하고, 상의 패턴은 겉감과 안감을 1쌍 재단합니다.

2

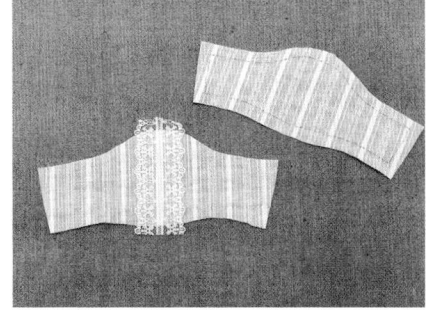

상의 겉감의 앞중심에 레이스테이프를 바느질로 달아줍니다.

3

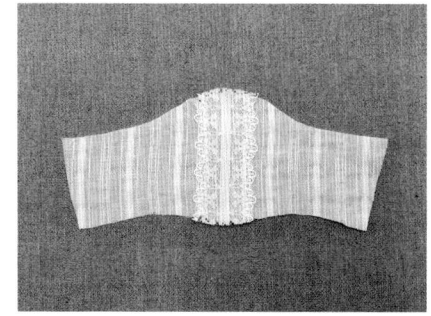

레이스테이프의 위아래를 시접 라인에 맞춰 잘라냅니다.

4

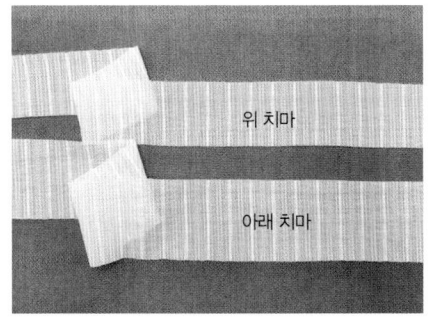

재단해놓은 치마 패턴을 가로 방향으로 잘라서, 위 치마(길이 6cm)와 아래 치마(길이 8cm)로 나눕니다.

5

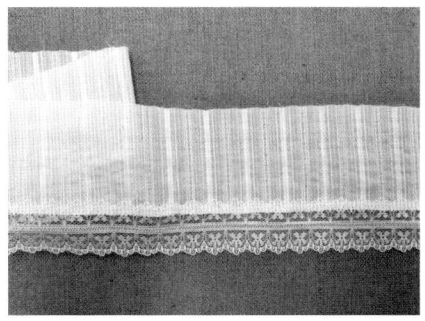

위 치마의 밑단 시접을 안으로 0.4cm 접어 다림질합니다. 밑단 시접 부분에 레이스테이프를 올려서 상침합니다.

6

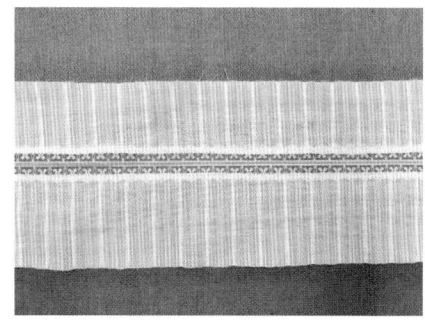

아래 치마의 윗단 시접을 안으로 0.4cm 접어 다림질합니다. 위 치마의 레이스 밑단이 아래 치마의 윗단 위로 오도록 해서 상침합니다.

7

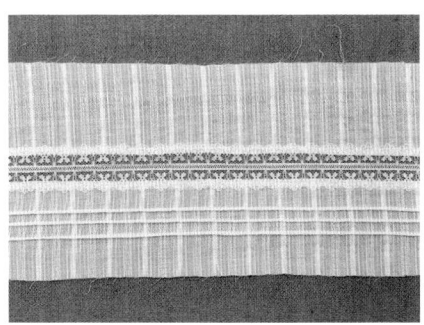

아래 치마의 윗단에서 2cm 아래 위치부터, 0.8cm 간격으로 핀턱을 3줄 잡아줍니다. 이때 핀턱의 폭은 0.2cm를 넘지 않아야 합니다.

8

남은 레이스테이프는 가로로 2등분합니다. 치마 밑단 시접을 0.4cm 겉면 쪽으로 접고, 그 위에 레이스테이프를 올려 상침하면 깔끔하게 마무리됩니다.

9

위아래가 연결된 치마 윗단에 주름홈질해서, 상의 밑단 길이에 맞춰 줄여줍니다.

10

치마 윗단과 상의 겉감의 허리 라인을 겉끼리 마주대어 바느질로 연결합니다.

11

시접은 자연스럽게 상의 쪽으로 향하게 합니다.

12

상의 겉감과 안감을 겉끼리 마주댑니다.

13

상의 안감의 밑단 시접을 접고, 양 옆선과 윗단을 바느질합니다.

14

상의를 겉으로 뒤집고, 솔기에서 약 0.2cm 위치의 상의 밑단에 상침해 안감을 고정합니다.

15

상의와 연결하는 과정에서 만들어진 치마의 양옆 시접을 2번 말아 접어서 촘촘한 홈질이나 박음질로 단처리 합니다.

16

상의 안감의 뒤여밈에 준비한 후크링을 좌우 각 4개씩 달아줍니다.

17

가로로 2등분해서 남겨둔 레이스테이프를 길이로 반 잘라, 상의 안감 쪽에 붙여줍니다. (패턴의 위치 참고)

18

좌우의 레이스테이프를 첫 번째 후크링에 통과시킵니다. 이때 방향은 안에서 밖입니다.

19

운동화끈 묶듯이 레이스테이프를 좌우 교차해서 후크링에 끼워주세요. 반드시 안에서 밖으로 통과시켜야 합니다.

20

통과시키고 남은 레이스테이프는 허리 뒤에서 나비 매듭으로 묶어주세요.

21

완성된 코르셋 슬립 드레스의 앞모습.

22

완성된 코르셋 슬립 드레스의 뒷모습.

# Night Dress

잠옷 드레스

· materials ·

60수 코튼 무지 110 x 40cm, 폭 3cm 레이스테이프 100cm, 실크 리본 130cm

• How To Make •

1 실물 패턴: P.183~ P.184 수록

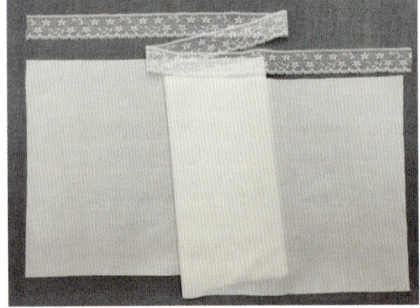

잠옷 드레스 치마용 패턴 64 x 22.5cm 1장을 재단합니다. 폭 3cm 레이스테이프는 64cm 길이로 잘라 준비합니다.

2

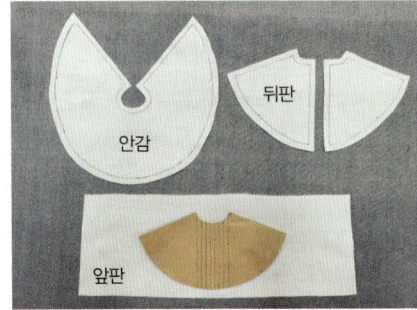

상의 안감을 1장 재단합니다. 상의 뒤판은 좌우 대칭으로 1쌍 재단하고, 앞판은 핀턱용 원단 25 x 10cm를 준비합니다.

3

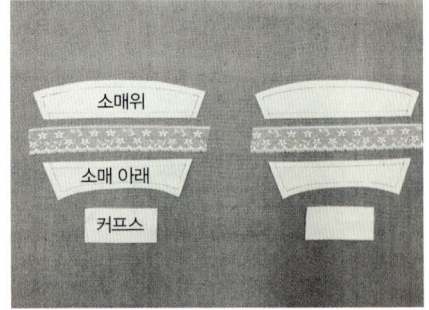

소매 위아래 패턴, 커프스용 패턴(7.5 x 3cm)을 1쌍씩 재단합니다. 위아래 소매를 연결할 레이스테이프도 여유 있게 1쌍 준비합니다.

4

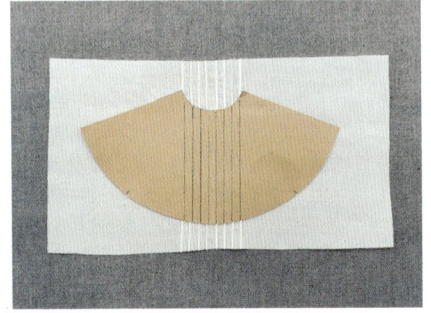

패턴(시접 제외)을 참고해 상의 앞판용 원단에 좌우 4개씩 대칭이 되도록 핀턱을 잡습니다. 핀턱 폭은 0.2cm를 넘지 않는 것이 좋습니다.

5

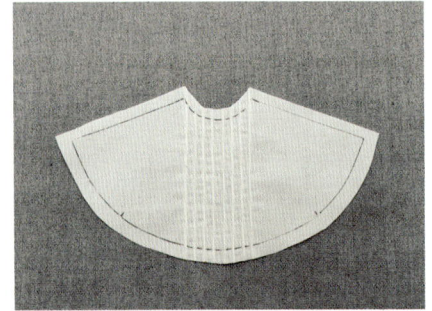

핀턱을 잡은 원단을 다림질한 후, 패턴을 올려 재단합니다. 이때 지정된 시접을 남겨야 합니다.

6

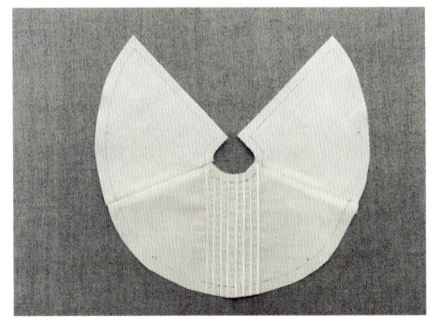

상의 겉감의 앞뒤판을 어깨선에서 연결하고 시접은 가름솔합니다.

7

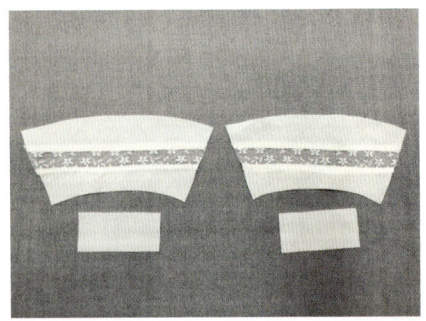

소매 위 패턴의 밑단을 0.4cm 안으로 접고 레이스 윗단을 아래에 겹쳐 상침합니다. 소매 아래 패턴의 윗단도 0.4cm 안으로 접고 레이스 아랫단을 위에 겹쳐 상침합니다.

8

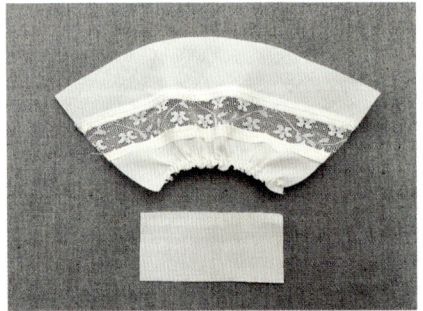

소맷단에 주름홈질해 커프스의 가로 길이에 맞게 줄여줍니다. 양쪽 모두 해주세요.

9

주름 잡은 소맷단과 커프스를 겉끼리 마주대어 완성선을 바느질합니다. 양쪽 모두 해주세요.

10
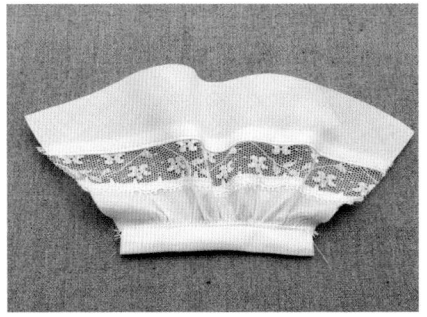
커프스의 남은 쪽 시접을 약 0.5cm 접은 후, 소매 안쪽으로 접어 넘깁니다. 솔기에서 0.2cm 간격을 두고 커프스 윗단에 상침합니다.

11
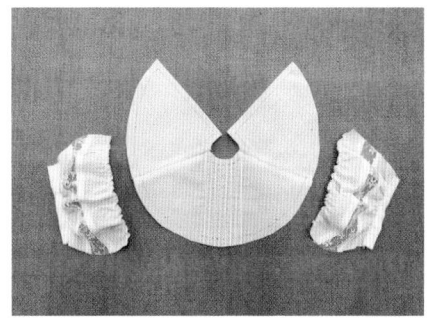
소매 양옆 시접을 안으로 접은 상태에서 소매산에 주름홈질합니다. 상의 패턴에 표시된 소매 연결 부분의 길이와 같아지도록 줄여줍니다.

12

상의 겉감과 주름 잡은 소매를 겉끼리 마주대어 홈질로 연결합니다. 이때 소매의 양옆 시접은 접혀진 상태입니다.

13

잠옷 드레스 상의와 소매가 연결되었습니다.

14
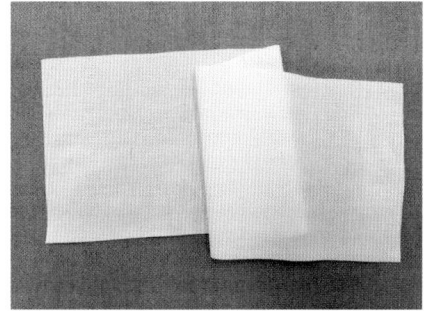
재단해 놓은 잠옷 드레스 치마 패턴을 다림질합니다.

15
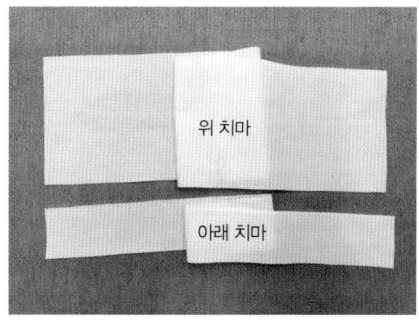
치마 패턴을 위 치마(길이 15cm)와 아래 치마(길이 7.5cm)로 나눕니다.

16
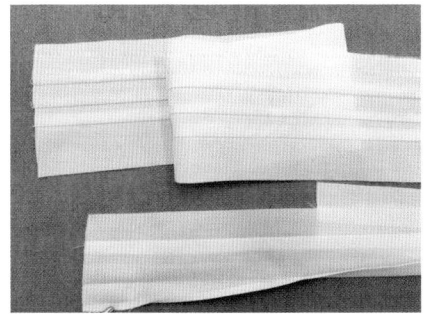
[위 치마 핀턱 잡기] 윗단에서 3.5cm 내려온 위치에 폭 1cm 핀턱을 잡습니다. 다시 0.5cm 내려와 폭 0.7cm, 연이어 1cm 내려와 폭 1cm 핀턱을 잡아줍니다.

17

[아래 치마 마감하기] 윗단에서 1.5cm 내려온 위치에 폭 1cm 핀턱을 잡습니다. 밑단을 안쪽으로 0.3cm 접고 다시 1.3cm 접어 다림질한 후 단처리 합니다.

18

위 치마의 밑단 시접을 약 0.4cm 안쪽으로 접고 폭 3cm 레이스테이프 윗단을 아래에 겹쳐 상침합니다.

19

아래 치마의 윗단 시접을 약 0.4cm 안쪽으로 접고, 위 치마의 레이스테이프 밑단을 위에 겹쳐 상침합니다.

20

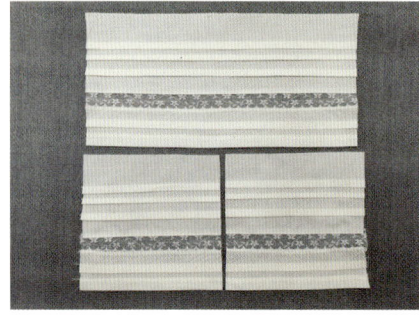

핀턱과 밑단 처리가 끝난 치마 원단을 2등분하고, 2등분한 것 중 하나만 다시 2등분합니다. 큰 것이 앞판용, 작은 것 2개가 뒤판용입니다.

21

치마 앞판의 양옆 시접 윗부분을 안으로 접고, 뒤판은 한쪽 시접 윗부분만 좌우 대칭이 되도록 접어줍니다.

22

[상의와 치마 연결하기] 치마 패턴의 양옆 시접이 접힌 상태에서 윗단을 주름홈질합니다. 상의와 연결할 부분의 길이에 맞춰 줄여주세요.

23

상의 겉감과 치마를 겉끼리 마주대어 바느질로 연결합니다. 이때 뒤판은 접지 않은 시접이 뒤여밈 쪽으로 가야 합니다. 시접은 자연스럽게 상의 쪽으로 향하게 됩니다.

24

상의 겉감 위에 상의 안감 패턴을 겉끼리 마주댑니다.

25

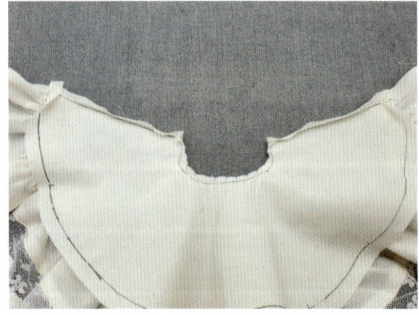

목둘레와 뒤여밈을 바느질합니다. 시접의 곡선과 꺾인 부분에 가위집을 넣어줍니다.

26

상의 겉면이 나오도록 뒤집어 가장자리를 정돈하고, 뒤중심과 목둘레를 다림질합니다.

27

안으로 뒤집어, 안감의 밑단 시접을 안쪽으로 접어 넣고 시침핀으로 고정합니다.

### 28

솔기에서 0.2cm 간격을 두고 상의 몸판 밑단을 빙 둘러 상침합니다. 이 과정에서 안감 밑단 시접도 고정됩니다.

### 29

다시 안으로 뒤집어 어깨선을 맞춘 후, 소매 옆선과 치마 옆선을 바느질합니다. 겨드랑이 쪽에 미리 접어둔 시접 부분은 재봉하지 않고 그대로 둡니다.

### 30

재봉하지 않고 남겨둔 시접 부분을 공그르기로 마감합니다. 치마 옆선 시접은 가름솔합니다.

### 31

잠옷 드레스 치마의 뒤중심을 위에서 약 2cm 남기고 바느질합니다. 뒤중심 시접은 가름솔합니다.

### 32

잠옷 드레스 치마 부분에 분무기로 물을 뿌린 후, 빨래를 짜듯 비틀어줍니다.

### 33

털어서 자연스러운 구김을 만든 후 건조합니다.

### 34

실크 리본을 12cm 길이로 6개 자른 후, 뒤여밈의 해당 위치에 바느질로 고정합니다. 이때 좌우 리본의 위치가 동일해야 합니다. (패턴의 위치 참고)

### 35

좌우의 리본을 묶어 뒤중심을 여며줍니다.

### 36

남는 실크리본으로 긴 나비리본을 만듭니다. 상의와 치마 연결 부분에 달아주면 잠옷 드레스 완성.

# Night Trousers

잠옷 바지

· materials ·

60수 코튼 무지 45 x 50cm, 허리 고무줄 약간

• How To Make •

1 실물 패턴: P.185 수록

잠옷 바지 패턴 45 x 20cm 1장을 재단합니다.

2

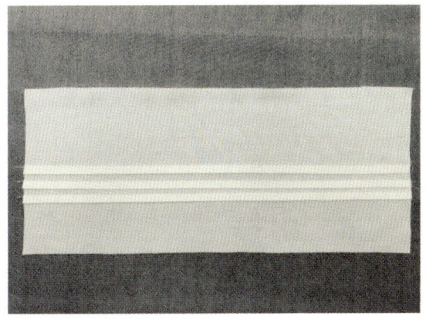

윗단에서 8.5cm 내려온 위치에 폭 1cm 핀턱을 잡아줍니다. 다시 0.5cm 내려와 1cm 핀턱을, 연이어 0.5cm 내려와 1cm 핀턱을 잡아줍니다.

3

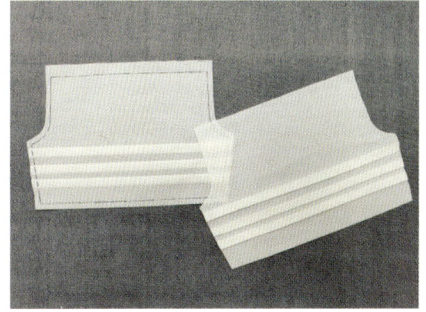

패턴의 핀턱 위치와 잘 맞춰서, 잠옷 바지 패턴 2장을 재단합니다.

4

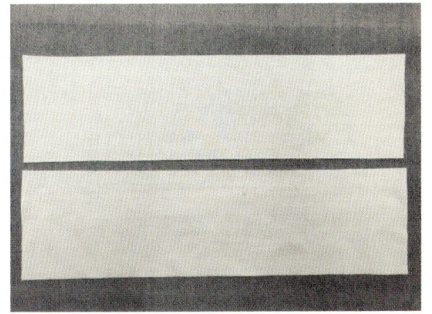

잠옷 바지 프릴용 패턴 40 x 12cm 2장을 재단합니다.

5

프릴용 패턴 2장을 각각 가로로 반 접어 다림질합니다.

6

프릴 윗단(골선이 아닌 쪽)에 주름홈질해서, 잠옷 바지 밑단 길이에 맞춰 줄여줍니다.

7

잠옷 바지 밑단과 프릴 윗단을 겉끼리 마주대어 바느질합니다. 시접은 바지 쪽으로 접고, 솔기와 0.2cm 간격을 두고 바지 밑단에 상침합니다. 양쪽 모두 해주세요.

8

잠옷 바지 패턴 2장을 겉끼리 마주대어, 양옆 밑위 라인을 바느질해 연결합니다.

9

밑위가 연결된 잠옷 바지의 밑아래(가랑이) 부분을 잘 맞춰서 바느질해 연결합니다.

10

잠옷 바지 허리 윗단을 약 0.3cm 접고 다시 1.2cm 접어 다림질합니다. 고무줄 넣을 입구 약 0.6cm를 남기고 상침합니다.

11

허리둘레에 고무줄을 통과시킵니다. 적당한 강도로 당겨서, 고무줄 양끝을 묶거나 바느질로 고정합니다.

12

잠옷 바지 전체에 분무기로 물을 뿌려서, 빨래를 짜듯 비틀어줍니다.

13

털어서 자연스러운 구김을 만든 후 건조시키면 잠옷 바지 완성.

# Sleeping Cap & Slippers
슬리핑 캡 & 룸 슬리퍼

· materials ·

**슬리핑 캡**: 60수 코튼 무지 23 x 60cm  **룸 슬리퍼**: 겉감용 80수 자수 광목 16 x 16cm, 안감용 50수 무지 16 x 16cm, 5온스 퀼트솜 16 x 16cm, 두꺼운 판지 10 x 7cm

• How To Make •

1 실물 패턴: P.185 수록

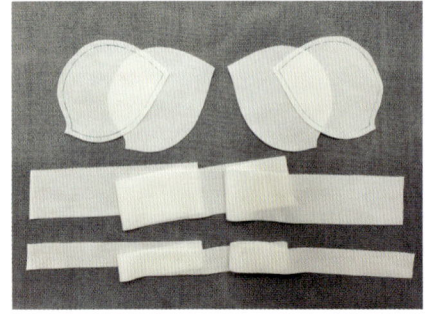

슬리핑 캡의 캡 부분 좌우 1쌍을 겉감, 안감 모두 재단합니다. 머리둘레 프릴용 60 x 5cm 1장, 모자끈용 60 x 2.5cm 1장도 재단합니다.

2

캡의 좌우를 겉끼리 마주대어 바느질합니다. 겉감, 안감 모두 해주세요.

3

머리둘레 프릴용 패턴을 가로로 반 접어 다림질합니다. 양 끝 3cm 위치에서(골선이 아닌 쪽) 둥그스름한 사선 형태로 모서리를 잘라냅니다.

4

프릴의 골선을 제외하고 가장자리를 주름홈질해서 약 30cm가 되도록 줄여줍니다. 주름이 균일하도록 정돈해주세요.

5

캡의 겉감과 프릴을 겉끼리 마주대어 바느질합니다. 이때 슬리핑 캡의 뒤중심부터 연결하는 것이 좋습니다.

6

슬리핑 캡 뒤중심에서 프릴의 양끝이 만나게 됩니다.

7

슬리핑 캡 겉감을 안으로 뒤집고, 안감의 겉면이 겉으로 나오도록 해서 겹쳐줍니다.

8

슬리핑 캡 안감의 가장자리 시접을 안으로 접어 넣고, 겉감과 잘 겹쳐서 시침핀으로 고정합니다.

9

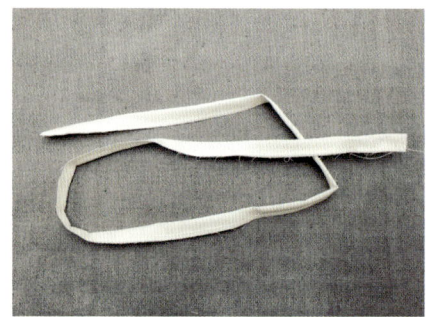

모자끈용 패턴을 가로로 반 접은 다음, 시접을 약 0.4cm 남기고 바느질합니다.

10

[끈 뒤집기] 굵은 바늘에 60cm 정도의 실을 두 겹으로 꿰웁니다. 슬리핑 캡 끈의 한쪽 끝에서 한 땀 떠줍니다.

11

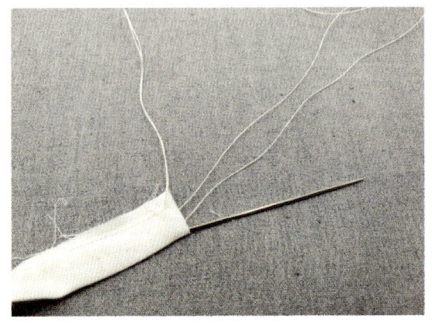

이 상태에서 굵은 바늘의 귀 부분을 끈의 안쪽 구멍으로 넣어서 다른쪽 구멍으로 통과시킵니다.

12

실을 당기면 미리 한 땀 떠 놓았던 부분이 끈의 통로 안으로 말려 들어가게 됩니다.

13

이때 끝부분을 살살 달래가며 천천히 당기는 것이 요령입니다.

14

실로 한 땀 뜬 끝부분이 밖으로 나오면, 손으로 살살 훑어서 완전히 뒤집어주세요.

15

깔끔하게 뒤집어진 끈.

16

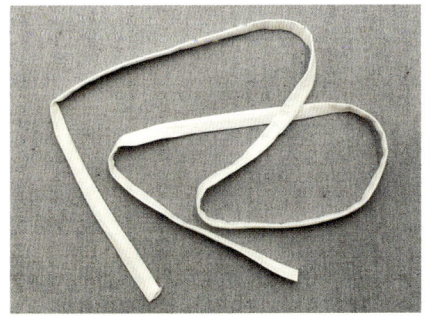

다림질로 형태를 정돈한 다음, 길이로 2등분합니다.

17

슬리핑 캡의 안감 가장자리에서 약 1cm 들어간 곳 좌우에 시침핀으로 끈을 고정합니다. (패턴의 위치 참고)

18

캡과 프릴의 연결 솔기에서 0.2cm 떨어진 라인을 빙 둘러 상침해 안감을 고정합니다. 끈의 끝은 한 번 묶어 마무리해 주세요.

19

슬리핑 캡의 정수리에 주름 잡을 부분을 시침핀으로 표시한 후, 겉감과 안감을 한 번에 주름홈질합니다. (패턴의 위치 참고)

20

실을 바짝 당겨서 매듭을 짓고 고정합니다. 주름홈질의 시작과 끝 매듭은 모두 안감 쪽에 위치해야 합니다.

21

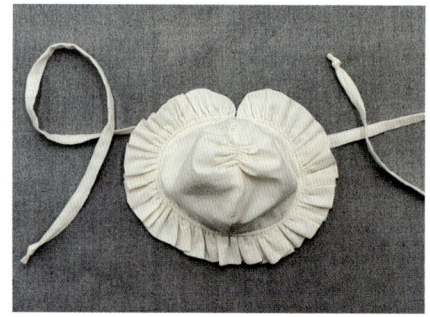

셔링과 프릴로 장식한 슬리핑 캡 완성.

1  실물 패턴: P.184 수록

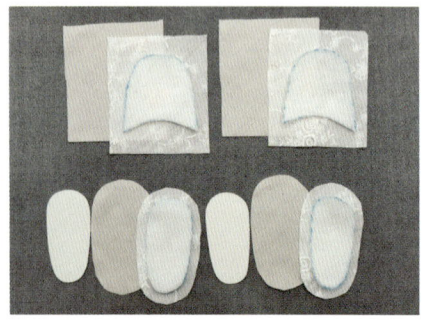

룸 슬리퍼 위판용 겉감과 안감을 각 7 x 7cm로 재단합니다. 바닥용 겉감과 안감은 패턴대로 재단합니다. 위판과 바닥의 충전재로 사용할 퀼트솜과 판지는 시접 없이 재단합니다. (모두 한 쌍씩)

2

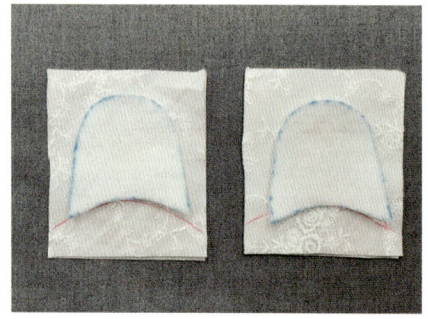

룸 슬리퍼 위판의 겉감과 안감을 겉끼리 마주댑니다. 이 상태에서 위판 충전용 퀼트솜을 올리고, 수성펜이나 열펜으로 밑단 가장자리 라인을 그립니다.

3

그려진 선을 따라 바느질한 후, 시접을 0.4cm 남기고 재단합니다. 시접의 곡선 부분에 가위집을 넣어줍니다.

4

겉으로 뒤집어 다림질로 모양을 정돈합니다.

5

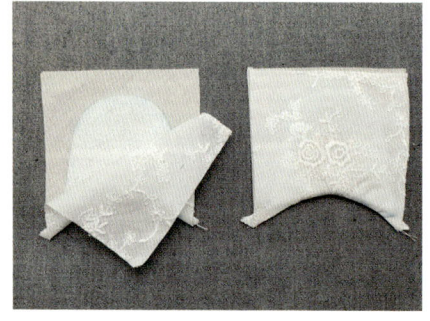

위판 겉감, 안감 사이에 퀼트솜을 끼웁니다. 이때 퀼트솜이 바느질 라인의 끝까지 들어가도록 유의하세요.

6

퀼트솜의 하단에서 약 1cm 위에 열펜으로 선을 그리고, 촘촘한 바느질로 퀼팅합니다.

7

퀼트솜의 가장자리에서 약 0.3cm 여유를 두고, 가장자리를 따라 빙 둘러 주름홈질합니다.

8

주름홈질한 실을 잡아당겨 볼록한 모양을 만든 후 매듭을 짓습니다. 시접을 남기고 여분의 원단은 잘라냅니다.

9

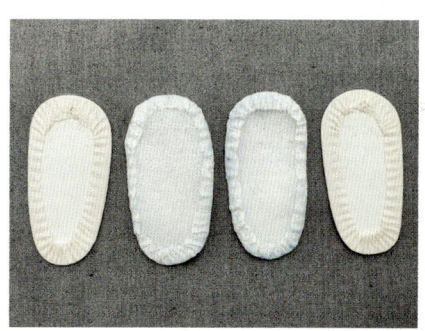

바닥 겉감의 가장자리에 주름홈질해서, 가운데 퀼트솜을 넣고 실을 당겨 감싸줍니다. 안감도 주름홈질해 두꺼운 판지를 넣고 감싸줍니다.

10

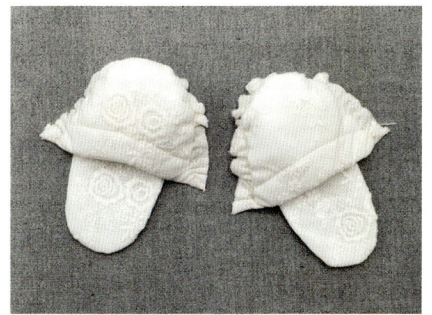

룸 슬리퍼 위판과 바닥 겉감을 연결할 차례입니다.

11

룸 슬리퍼 위판의 시접으로 바닥의 가장자리를 감싸서 감침질합니다. 이때 실을 너무 당기지 않아야 합니다.

12

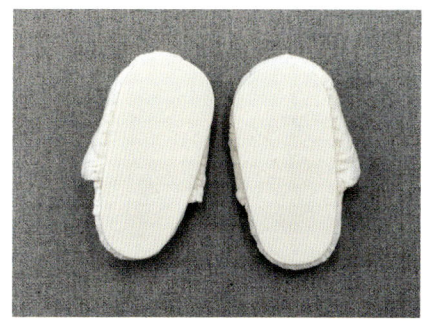

바닥 겉감에 두꺼운 판지를 넣은 바닥 안감을 실리콘 글루건으로 붙여줍니다.

13

위판 중심에 비즈를 달아줍니다.

14

룸 슬리퍼 완성.

## Drizzela's Inner Dress

드리젤라의 이너 드레스

• materials •

30수 원단 110 x 30cm, 장식용 진주알 및 비즈 약간, 폭 1.5cm 케미컬 레이스테이프 50cm, 고무줄 약 25cm, 스냅 단추 2개

• How To Make •

1 실물 패턴: P.186 수록

상의 안감(앞판 1장, 뒤판 대칭 1쌍), 상의 겉감(앞판 20 x 10cm 1장, 뒤판 대칭 1쌍), 소매 2장, 치마(45 x 26cm) 1장을 재단해서 올풀림 방지액을 발라둡니다.

2

상의 겉감 앞판에 상의 안감 패턴을 올려서 해당위치에 수성펜이나 열펜으로 2개의 선을 그립니다. (목둘레 라인에 하나, 허리 라인에서 0.3cm 아래에 하나)

3

상의 겉감 앞판에 셔링을 넣기 위한 주름홈질용 선을 그렸습니다.

4

원단의 중심을 기준으로 2개의 선 각각 7cm 구간을 표시합니다.

5

표시된 7cm 구간에 촘촘한 주름홈질을 합니다.

6

위아래 실을 각각 당겨 주름홈질한 7cm 분량이 약 2.5cm 가 되도록 줄여줍니다.

7

주름 잡은 상의 겉감의 안쪽 면에 상의 안감 패턴(시접 제외)을 올려서 라인을 따라 그립니다.

8

패턴에 표시된 시접의 분량을 남기고 재단합니다.

9

상의 겉감의 앞판과 뒤판을 어깨선에서 연결하고 시접은 가름솔합니다. 상의 안감도 똑같이 처리합니다.

10

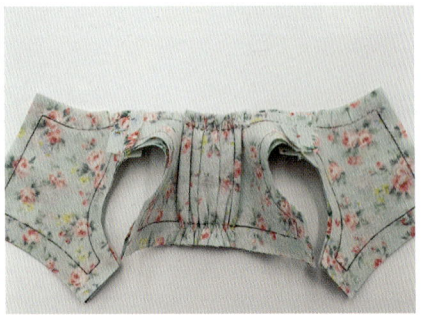

상의 겉감과 안감을 겉끼리 마주댄 후, 목둘레와 뒤여밈 선을 빙 둘러 바느질합니다.

11

목둘레 시접에 가위집을 넣고, 뒤여밈 시접의 각진 부분은 직각으로 접거나 사선으로 자릅니다.

12

겉으로 뒤집어 다림질로 모양을 정돈합니다. 재봉하지 않은 허리 라인, 옆선, 진동둘레는 감침질 또는 재봉틀의 지그재그 스티치를 해줍니다.

13

소매 패턴 2장은 바이어스 방향으로 재단해, 밑단을 안쪽으로 접고 촘촘한 바느질로 단처리 합니다.

14

소매 안쪽의 밑단 주름선 시작 부분에 폭 0.2cm 고무줄의 끝부분을 고정하고, 고무줄을 당겨가며 주름선을 따라 재봉합니다.

15

고무줄 재봉이 끝나면 소매 밑단에 자연스럽게 주름이 잡힙니다.

16

상의와 소매를 연결할 차례입니다.

17

소매산의 정해진 위치에 촘촘한 주름홈질을 해서, 상의 진동둘레 길이에 맞게 줄여줍니다. 상의와 소매를 겉끼리 마주대어 바느질합니다.

18

안으로 뒤집어 어깨선을 맞춘 후, 허리 옆선과 소매 옆선을 바느질합니다.

19

허리 옆선과 소매 옆선이 만나는 양쪽 겨드랑이 부분에 가위집을 넣어줍니다.

20

겉으로 뒤집어 허리 옆선 시접은 가름솔합니다.

21

재단해놓은 치마 겉면의 밑단에서 3cm 위부터 1.5cm 간격으로 5개의 선을 그립니다. (수성펜 혹은 열펜 사용)

22

5개의 선을 각각 접어 0.2cm 폭의 핀턱을 잡습니다. 핀턱은 모두 밑단 쪽을 향해야 합니다.

23

다림질로 핀턱 모양을 정돈합니다.

24

치마 패턴 양옆 시접 약 0.8cm씩을 안으로 접어서 다림질로 살짝 눌러줍니다.

25

양옆 시접을 접은 채로 치마 윗단 시접에 주름홈질합니다. 중심 부분 약 7~8cm는 주름 없이 두고, 양옆으로 균일하게 주름을 잡아 상의 허리 부분에 맞춰 줄여줍니다.

26

주름 잡은 치마 윗단과 상의 허리 부분을 겉끼리 마주대어 시침핀으로 고정합니다.

27

완성선을 바느질해 상의와 치마를 연결합니다.

28

시접은 상의 쪽으로 향하게 하고, 솔기에서 0.2cm 간격을 두고 상의 쪽에 상침합니다. 손바느질할 경우, 겹홈질합니다.

29

치마 양옆 시접을 겉끼리 마주대어, 허리 라인에서 5cm 남겨두고 바느질한 후 가름솔합니다. 밑단 시접을 0.3cm 접고 다시 1cm 접어 단처리 합니다.

30

네크라인을 비딩 자수로 장식합니다. 사진에서는 투명 비즈를 사용했습니다.

31

케미컬 레이스테이프로 나비리본을 만들어 진주알과 함께 앞중심에 달아줍니다. 이때 리본 끈을 길게 늘어뜨려주면 더 예쁩니다.

32

이너 드레스 앞모습. 앞에서는 치마의 주름이 거의 보이지 않습니다. (리본 장식 전)

33

이너 드레스 뒷모습. 치마의 주름이 풍성하게 잡혀 있습니다.

34

상의 뒤여밈에 스냅단추를 달아줍니다.

35

드리젤라의 이너 드레스 완성.

## Drizzela's Jacket

### 드리젤라의 재킷

• materials •

겉감용 30수 원단 35 x 20cm, 안감용 30수 원단 25 x 10cm, 노방 자바라 레이스끈 40cm

• How To Make •

1 실물 패턴: P.186~ P.187 수록

**[겉감 원단]** 상의 뒤판 1장, 앞판 대칭 1쌍, 소매 2장, 백프릴용 23 x 8cm 1장을 재단합니다. **[안감 원단]** 상의 뒤판 1장, 앞판 대칭 1쌍을 재단합니다.

2

겉감의 앞판 다트를 재봉하고, 앞판과 뒤판을 어깨선에서 연결한 후 시접은 가름솔합니다.

3

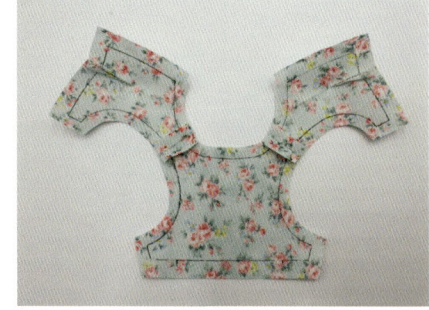

안감의 앞판 다트를 재봉하고, 앞판과 뒤판을 어깨선에서 연결한 후, 시접은 가름솔합니다.

4

소매 밑단을 0.3cm 간격으로 두 번 말아 접어 고운 홈질로 상침합니다. 소매산에 주름홈질해 상의의 진동둘레에 맞춰 줄여줍니다. 상의와 소매를 겉끼리 마주대어 바느질합니다.

5

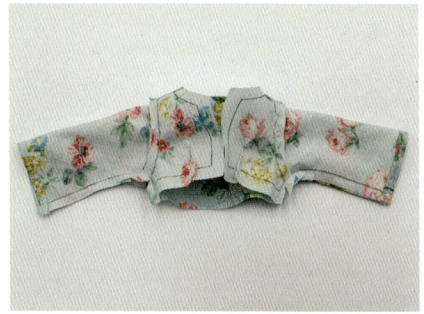

안으로 뒤집어 어깨선을 맞춘 후, 소매 옆선과 허리 옆선을 촘촘한 바느질로 연결합니다. 겨드랑이 부분에 가위집을 넣어줍니다.

6

백프릴용 원단을 가로로 반 접고, 골선 쪽에 패턴의 직선이 위치하도록 라인을 그려줍니다.

7

골선을 제외한 부분에 촘촘한 주름홈질을 한 후, 시접 약 0.4cm를 남기고 잘라냅니다. 실을 당겨서 길이 약 6.5cm가 되도록 줄여준 후, 주름이 균일하도록 정돈합니다.

8

재킷을 겉으로 뒤집어 모양을 정돈합니다.

9

재킷 뒤판과 백프릴을 겉끼리 마주대어 시침핀으로 고정한 후, 시침질합니다. 이때 백프릴이 정확하게 중심에 와야 합니다.

| 10 | 11 | 12 |
|---|---|---|
|  |  |  |
| 안감도 앞판과 뒤판을 겉끼리 마주대어 허리 옆선을 바느질한 후, 시접은 가름솔합니다. | 재킷 겉감의 겉면과 안감의 겉면이 마주 닿도록 끼워서 모양을 잘 맞춰줍니다. | 이 상태에서 재킷의 몸판 가장자리를 바느질하되, 뒤판 밑단에 약 4cm의 창구멍을 남깁니다. 이곳은 백프릴이 붙어 있는 위치입니다. |

| 13 | 14 | 15 |
|---|---|---|
|  |  |  |
| 시접의 곡선 부분에 가위집을 넣고 꺾인 부분은 사선으로 잘라냅니다. | 재킷을 겉으로 뒤집어 가장자리 라인을 정돈합니다. 이때 백프릴이 겉으로 나오게 됩니다. | 안감 창구멍 시접(백프릴 위치)을 안으로 접어 넣고, 감침질 또는 공그르기로 마무리합니다. |

| 16 | 17 | 18 |
|---|---|---|
|  |  | 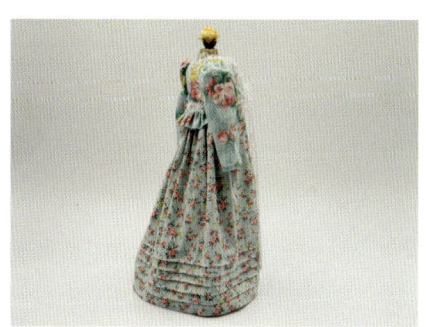 |
| 재킷 가장자리에 노방 자바라 레이스끈을 빙둘러 재봉해 붙여주면 드리젤라의 재킷 완성. | 이너 드레스와 레이어드 코디한 재킷 앞모습. | 이너 드레스와 레이어드 코디한 재킷 뒷모습. |

## Drizzela's Bonnet & Gloves
드리젤라의 보닛 & 레이스 장갑

― • materials • ―

**보닛:** 겉감 30수 55 x 25cm, 안감 25 x 25cm, 2온스 접착솜 30 x 30cm, 가장자리 장식용 노방 자바라 레이스끈 140cm, 양옆 장식용 폭 1.5cm 케미컬 레이스테이프 50cm, 고정용 폭 3cm 레이스테이프 90cm, 챙 안쪽 장식용 폭 1.5cm 프릴레이스 30cm **레이스 장갑:** 폭 6cm 라셀레이스 22cm, 지름 0.5cm 진주알 2개

• How To Make •

1  실물 패턴: P.189 수록

**[겉감 원단]** 보닛 챙, 탑, 브림을 각 1장씩 재단합니다. 챙의 경우, 안감도 겉감을 사용하므로 겉감보다 여유 있게 준비합니다. **[안감 원단]** 재단하지 않고 준비합니다. **[접착솜]** 보닛의 챙, 탑, 브림 패턴을 각각 시접 없이 재단합니다.

2

보닛 챙, 탑, 브림의 겉감 안쪽에 시접 없이 재단한 접착솜을 올리고 다림질로 고정합니다. 접착솜의 반짝이는 면이 접착되는 부분입니다.

3

보닛의 챙, 탑, 브림의 겉감 안쪽에 접착솜을 고정한 모습입니다.

4

접착솜을 붙인 챙의 겉면과 동일한 원단을 안감용으로 여유 있게 준비해, 겉끼리 마주댑니다.

5

챙의 완성선을 따라 촘촘하게 바느질하고, 약 3~4cm의 창구멍을 남깁니다.

6

접착솜을 붙인 탑, 브림의 겉면과 안감도 겉끼리 마주댑니다.

7

브림의 완성선을 따라 촘촘하게 바느질하고, 한쪽 끝을 창구멍으로 남깁니다.

8

탑 역시 완성선을 따라 촘촘하게 바느질하고, 약 2.5cm의 창구멍을 남깁니다.

9

곡선 부분은 시접을 0.3~0.4cm 남기고 잘라내고, **뾰족**하거나 각진 부분은 사선으로 잘라냅니다.

10

겸자 등의 도구를 이용해 창구멍으로 뒤집어줍니다. 시접을 미리 정리했으므로 굳이 가위집을 넣지 않아도 됩니다.

11

브림의 양끝을 공그르기로 연결합니다.

12

브림과 탑의 겉면을 공그르기로 연결합니다. 안감도 같은 방법으로 연결해주세요.

13

브림의 중심점과 챙의 중심점을 표시해서, 정확하게 맞닿도록 시침핀으로 고정합니다.

14

브림과 챙을 공그르기로 연결합니다. 이때 안감도 똑같이 공그르기로 연결해주세요. 보닛의 기본 형태가 만들어졌습니다.

15

1~14의 과정과 동일한 방법으로, 아나스타샤의 보닛(왼쪽)도 만들었습니다.

16

보닛의 챙 겉면 가장자리에 노방 자바라 레이스끈을 바느질해 붙여줍니다.

17

보닛의 챙 안감 가장자리에도 레이스끈을 붙여줍니다.

18

보닛의 챙과 브림이 연결된 라인도 레이스끈으로 장식합니다.

19

이때 브림의 뒤중심 가장자리까지 꼼꼼하게 바느질해야 합니다.

20

보닛 탑의 원형 가장자리 라인도 레이스끈으로 장식합니다.

21

폭 1.5cm 프릴레이스로 보닛의 챙 안쪽을 장식합니다.

22

보닛의 뒤중심에서 좌우로 약 6cm 지점을 시침핀으로 표시합니다.

23

고정용 레이스테이프(폭 3cm, 길이 90cm)로 보닛의 뒷부분을 감싸듯 위치를 잡습니다.

24

고정용 레이스테이프에 촘촘한 주름홈질을 해서, 시침핀으로 표시한 지점 중 한 곳에 붙여줍니다.

25

시침핀으로 표시한 다른 지점에도 같은 방법으로 고정용 레이스테이프를 붙여줍니다.

26

폭 1.5cm 케미컬 레이스테이프로 나비리본 2개를 만들어, 보닛의 끈이 고정된 양옆에 바느질해 달아줍니다.

27

드리젤라의 보닛 완성.

• How To Make •

1  실물 패턴: P.187 수록

라셀레이스를 다림질합니다. 이때 얇은 원단 위에 놓고 다리면 좋습니다.

2

레이스를 길이로 2등분합니다.

3

레이스 안쪽면이 겉으로 오도록 반 접어서 골선에 패턴의 엄지가 위치하도록 시침핀으로 고정합니다. 패턴 가장자리를 따라 재봉하거나 고운 홈질합니다.

4

좌우 모두 완성선을 따라 바느질한 모습입니다.

5

시접 0.3~0.4cm를 남기고 재단한 후, 엄지와 나머지 손가락 사이의 시접에 가위집을 넣습니다.

6

겸자 등의 도구를 이용해 겉으로 뒤집어 줍니다.

7

장갑 윗단에서 0.8cm 아래, 옆선에서 0.5cm 지점에 진주알을 달아줍니다. 좌우 대칭이 되도록 해주세요.

8

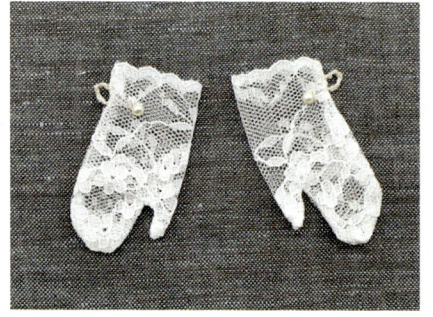

진주알 옆쪽의 옆선 위치에 실고리를 만듭니다. (실고리 만드는 방법은 에이미의 핀턱 블라우스 참고)

9

드리젤라의 레이스 장갑 완성.

## Drizzela's Tote Bag

드리젤라의 토트백

• materials •

겉감 20 x 8cm, 안감 20 x 8cm, 2온스 접착솜 15 x 8cm, 폭 1cm 프릴레이스 10cm, 폭 0.4cm 레이스 자바라끈 20cm, 지름 1cm 브로치 장식, 골드 톤 시드비즈 100알

• How To Make •

1 실물 패턴: P.189 수록

토트백 패턴을 겉감 2장, 안감 2장 재단합니다. 접착솜은 시접 없이 2장 재단합니다.

2

겉감 2장의 안쪽면에 접착솜의 접착면을 마주대고 다림질로 접착합니다.

3

접착솜이 붙은 겉감과 안감을 각각 겉끼리 마주대어, 옆쪽에 창구멍 약 2.5cm를 남기고 완성선을 따라 촘촘하게 바느질합니다.

4

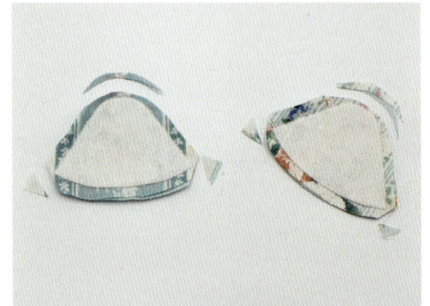

시접의 뾰족하거나 각진 부분은 잘라냅니다.

5

창구멍을 통해 겉으로 뒤집고 가장자리 모양을 정돈한 후, 다림질합니다.

6

가방의 입구 위치를 시침핀으로 표시합니다. 안감끼리 마주보도록 맞댄 후, 입구를 제외한 가장자리를 공그르기로 연결합니다.

7

겸자를 이용해, 양쪽 하단의 모서리 부분을 안으로 밀어넣어줍니다.

8

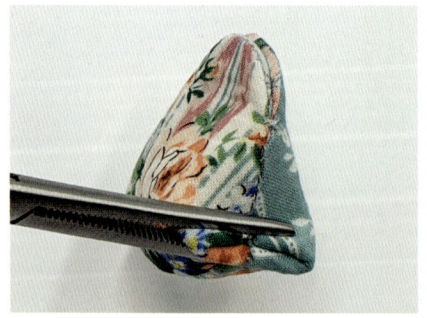

모서리를 밀어넣어서. 위아래가 닿도록 맞물리게 하면 가방 폭이 만들어집니다. 이때 가방 폭은 3cm 정도가 좋습니다.

9

겉에서 가방 폭 부분을 공그르기해서 모양을 고정합니다. 양쪽 다 해주세요.

10

폭 0.4cm 레이스 자바라끈을 2등분한 다음, 입구를 제외한 가장자리에 빙 둘러 붙여줍니다.

11

자바라끈 양끝은 가방 입구로 넣어서 실리콘 글루건으로 고정합니다. 남은 자바라끈으로 반대쪽도 똑같이 마감합니다.

12

가방 입구에 바늘땀 4~5개 정도의 홈질을 합니다.

13

실을 단단히 당겨 매듭을 지으면, 복주머니 모양으로 여며집니다.

14

가방 입구에 폭 1cm 프릴레이스를 풍성하게 둘러 장식합니다.

15

프릴레이스를 빙 둘러 달아준 후 실을 자르지 말고, 안에서 밖으로 바늘을 빼냅니다.

16

여기에 골드 톤의 시드비즈를 꿰어서 핸들을 만듭니다.

17

약 14cm가 되도록 시드비즈를 꿴 후, 반대쪽 입구 쪽에서 단단히 매듭을 짓습니다.

18

토트백 중심에 장식용 브로치를 달아주면 드리젤라의 토트백 완성.

## Anastasia's Inner dress

아나스타샤의 이너 드레스

· materials ·

30수 원단 110 x 25cm, 폭 3cm 인견레이스 57cm, 폭 1cm 인견레이스 50cm, 폭 3cm 인견레이스 50cm, 폭 1cm 라셀레이스 60cm, 진주 15~20알, 레이스 자바라 17cm, 스냅단추 2개

• How To Make •

1 실물 패턴: P.187 수록

치마 패턴 48 x 22cm 1장, 상의 겉감(앞판 1장, 뒤판 대칭 1쌍), 상의 안감(앞판 1장, 뒤판 대칭 1쌍), 소매 2장을 재단 후 올풀림 방지액을 발라둡니다.

2

상의 겉감 앞중심에 장식용 인견레이스를 올려서, 정확하게 좌우 대칭이 되도록 바느질로 고정합니다.

3

상의 겉감 앞판과 뒤판을 어깨선에서 바느질해 연결한 후, 시접은 가름솔합니다.

4

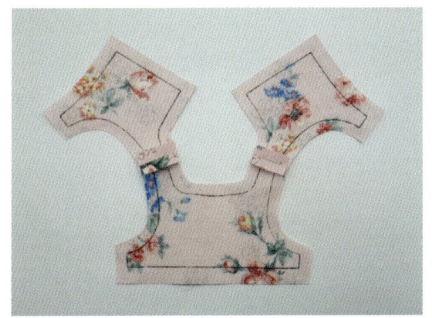

상의 안감도 앞판과 뒤판을 어깨선에서 연결하고 시접은 가름솔합니다.

5

상의 겉감과 안감을 겉끼리 마주대어 정확히 겹친 후, 목둘레와 뒤여밈 선을 빙 둘러 바느질합니다.

6

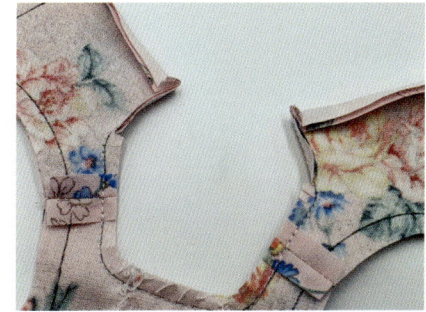

목둘레 시접의 곡선 부분에 가위집을 넣어줍니다. 상의 뒤여밈의 모서리 시접은 직각으로 접어 다림질하거나, 손끝으로 눌러 모양을 잡아줍니다.

7

겉으로 뒤집어 다림질합니다. 바느질하지 않은 허리 라인, 허리 옆선, 진동둘레는 감침질 또는 재봉틀의 지그재그 스티치로 마무리합니다.

8

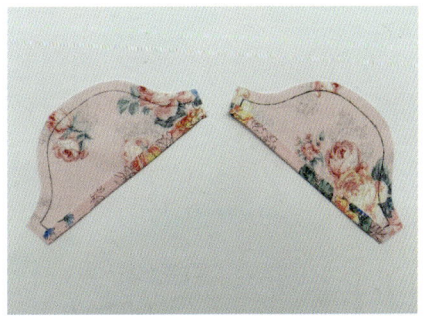

바이어스 방향으로 재단한 소매 패턴은 밑단을 안쪽으로 접어 촘촘한 바느질로 단처리 합니다.

9

소매산의 정해진 위치에 촘촘히 주름홈질해 상의 진동둘레 길이에 맞춰 줄여줍니다. 상의와 소매를 겉끼리 마주대어 바느질로 연결합니다.

10

안으로 뒤집어 어깨선을 맞춘 후, 소매 옆선과 허리 옆선을 촘촘한 바느질로 연결하고 겨드랑이 부분에 가위집을 넣어줍니다.

11

허리 옆선 시접은 가름솔하고 겉으로 뒤집어줍니다.

12

소매통 밑단의 중심에서 수직으로 1.5cm 정도 촘촘하게 주름홈질합니다.

13

주름홈질 후 실을 당겨서 매듭을 지어줍니다. 이때 실을 자르지는 마세요.

14

실에 진주알을 꿰어 바느질로 고정합니다. 양쪽 소매 모두 해주세요

15

재단해둔 치마 밑단에서 9cm와 7cm 위치에 자를 대고 선을 그어줍니다. (열펜이나 수성펜 이용) 폭 1cm와 3cm의 인견레이스를 각각 바느질로 고정합니다.

16

치마의 양옆 시접 약 0.8cm씩을 안쪽으로 접어서 다림질로 살짝 눌러줍니다.

17

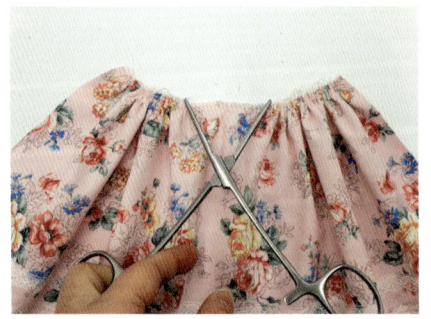

양옆 시접을 접은 채, 치마 윗단 시접에 주름홈질합니다. 중심 부분 약 7~8cm는 주름 잡지 않고, 양옆으로 균일하게 주름을 잡아 상의 허리 길이에 맞춰 줄여줍니다.

18

주름 잡은 치마 윗단과 상의 허리를 겉끼리 마주대어 시침핀으로 고정한 후, 허리 라인을 바느질합니다.

19

시접은 상의로 향하게 하고, 솔기에서 0.2cm 위치의 상의 쪽에 상침합니다. 손바느질의 경우 겹홈질합니다.

20

치마 양옆 시접을 겉끼리 마주대어 바느질로 연결합니다. 이때 허리 라인에서 약 5cm는 바느질하지 않고 남겨두고 시접은 가름솔입니다.

21

치마 밑단 시접을 0.3cm씩 2번 말아 접어 촘촘한 바느질로 단처리 합니다.

22

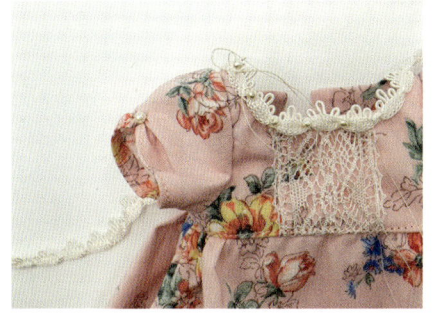

목둘레 장식용 레이스 자바라를 바느질로 고정합니다. 이때 진주알도 함께 달아줍니다.

23

상의 뒤여밈에 스냅단추를 달아줍니다.

24

이너 드레스 앞모습. 앞에서는 주름이 거의 보이지 않습니다.

25

이너 드레스 뒷모습. 풍성하게 주름이 잡혀 있습니다.

26

허리 앞판에 폭 1cm 라셀레이스를 밀착시켜, 허리 옆선 위치에서 바늘땀으로 고정합니다.

27

아나스타샤의 이너 드레스 완성.

# Anastasia's Out Garment
### 아나스타샤의 아웃가먼트

· materials ·

겉감 30수 원단 110 x 23cm, 안감 30수 무지 원단 25 x 10cm, 폭 0.7cm 실크리본 약 25cm, 지름 0.5cm 진주알 2개, 지름 0.3cm 진주알 2개

• How To Make •

1  실물 패턴: P.188 수록

**[겉감 원단]** 치마 47 x 22cm 1장, 상의 뒤판 1장, 상의 앞판 대칭 1쌍, 퍼프소매 2장, 팔소매 2장, 칼라를 재단합니다. **[안감 원단]** 상의 뒤판 1장, 상의 앞판 대칭 1쌍, 칼라(직사각형)를 재단합니다.

2

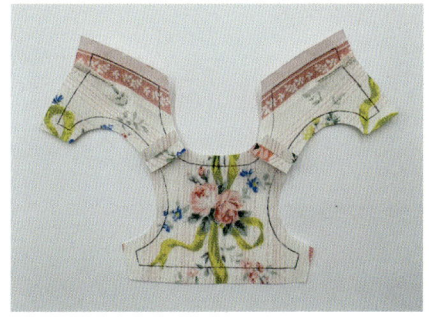

상의 겉감의 앞판 다트를 바느질하고 다트 시접은 앞여밈 쪽으로 접습니다. 앞판과 뒤판을 겉끼리 마주대어 어깨선을 바느질해 연결합니다.

3

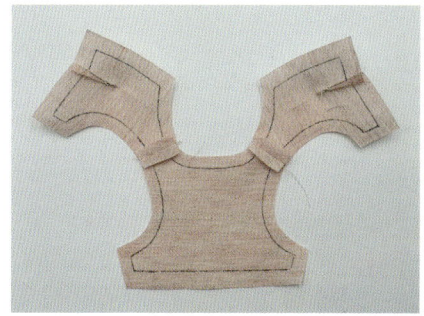

상의 안감의 앞판 다트를 바느질하고 다트 시접은 옆선 쪽으로 접습니다. 앞판과 뒤판을 겉끼리 마주대어 어깨선을 바느질해 연결합니다.

4

재단한 칼라 겉감과 직사각형으로 자른 칼라 안감을 겉끼리 마주대어, 바깥쪽 완성선을 따라 바느질합니다.

5

칼라의 바깥쪽 시접을 약 0.4cm 남기고 잘라냅니다.

6

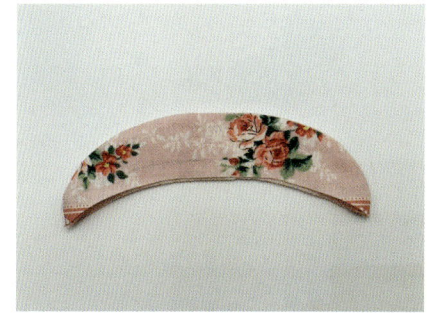

겉으로 뒤집어서, 겉감 시접에 맞춰 안감 시접의 여유분을 잘라냅니다.

7

상의 겉감의 뒷목 중심점과 칼라의 중심점을 기준으로, 상의 겉감 위에 칼라 겉면이 오도록 겹칩니다.

8

상의 겉감과 칼라의 목둘레 시접 분량 중간쯤을 시침질해 연결합니다.

9

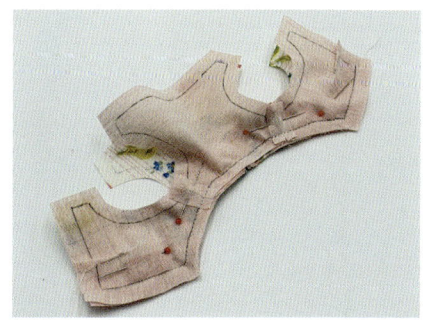

칼라를 부착한 상의 겉감과 안감을 겉끼리 마주대어 시침핀으로 고정한 후, 앞여밈 선과 목둘레를 빙 둘러 바느질합니다.

10

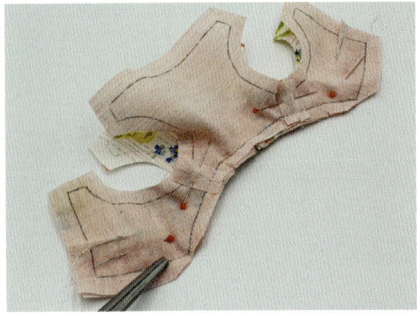

목둘레 시접의 각진 부분은 사선으로 잘라내고, 곡선 부분엔 가위집을 넣어줍니다.

11

겉으로 뒤집어 다림질로 모양을 정돈합니다.

12

퍼프소매의 밑단에 주름홈질해, 팔소매 윗단 폭에 맞춰 줄여줍니다. 주름이 균일하도록 정돈한 후, 위아래 소매를 겉끼리 마주대어 바느질합니다.

13

시접은 팔소매 쪽으로 접고, 솔기에서 0.2cm 위치의 팔소매 쪽에 상침합니다. 팔소매 밑단을 0.3cm씩 2번 말아접어 상침합니다.

14

상의와 소매를 연결할 차례입니다. 소매는 상의 겉감과만 연결되므로 안감은 그냥 두어야 합니다.

15

퍼프소매의 소매산에 주름홈질해 상의의 진동둘레에 맞춰 줄여줍니다. 소매와 상의 겉감을 겉끼리 마주대어 바느질로 연결합니다.

16

상의 안감의 허리 옆선을 겉끼리 마주대어 바느질로 연결한 후, 시접은 가름솔합니다.

17

상의 겉감의 허리 옆선과 소매 옆선을 겉끼리 마주대어 바느질합니다. 겨드랑이 부분에 가위집을 넣어줍니다.

18

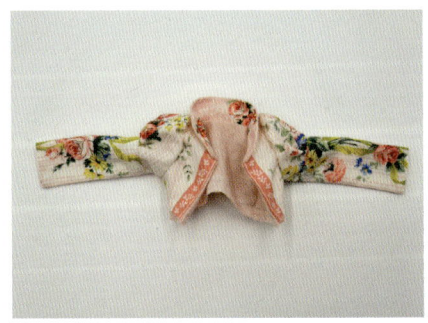

겉으로 뒤집어, 겉감과 안감이 매끈하게 겹쳐지도록 정돈합니다.

**19**

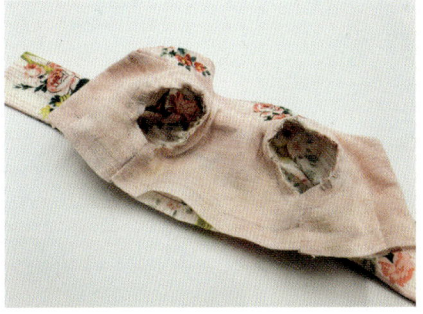

겉감, 안감의 진동둘레 시접을 겹쳐서 감침질합니다. 이때 실을 너무 당기지 마세요. 이렇게 시접이 노출되도록 처리하면, 퍼프소매가 더욱 풍성해집니다.

**20**

아웃가먼트 치마의 양옆 시접은 0.4cm씩 2번 말아 접습니다. 밑단 시접은 0.4cm 접고 다시 0.8cm 접어, 각각 고운 홈질로 상침합니다.

**21**

아웃가먼트 치마의 윗단 시접에 주름홈질해 폭 13cm로 줄여줍니다. 주름이 균일하도록 정리한 후, 시접 부분만 다림질해 주름을 고정합니다.

**22**

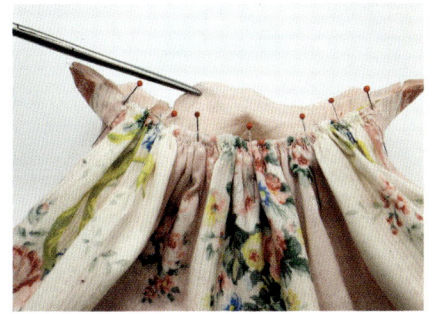

치마와 상의 겉감을 겉끼리 마주댑니다. 상의 허리 라인의 양끝 약 2.3cm 분량은 치마와 연결되지 않으므로, 좌우대칭이 정확해야 합니다.

**23**

상의 겉감과 치마가 연결된 모습입니다.

**24**

상의 안감의 허리 시접을 안으로 접어넣고 감침질 또는 공그르기합니다. 상의 허리 라인 양끝 2.3cm는 겉감, 안감 시접을 모두 안으로 접어넣고 공그르기합니다.

**25**

상의 오른쪽(사진상) 여밈에 지름 0.5cm 진주알을 바느질로 달아주고, 왼쪽 여밈에는 실고리를 만들어줍니다.

**26**

실크리본으로 나비리본을 만들어, 퍼프소매와 팔소매 연결 위치에 달아줍니다. 나비리본 중심에 지름 0.3cm 진주알을 바느질로 고정합니다.

**27**

이너 드레스와 레이어드 코디한 아나스타샤의 아웃가먼트 완성!

# Anastasia's Bonnet & Gloves
## 아나스타샤의 보닛 & 긴 장갑

• materials •

**보닛:** 겉감 30수 원단 55 x 25cm, 안감 25 x 25cm, 2온스 접착솜 30 x 30cm, 폭 1cm 프릴레이스 75cm, 폭 2cm 가운데 주름 프릴레이스 30cm, 폭 4cm 프릴레이스 60cm, 장식용 레이스 자바라 45cm, 폭 3cm 레이스테이프 90cm, 지름 0.4cm 진주알 40~50알, 지름 0.5cm 진주알 3~5알, 지름 0.6cm 진주알 5~6알, 지름 0.3cm 진주알 8~10알 **긴장갑:** 살짝 비침이 있는 스판 무지 원단 15 x 22cm, 폭 0.35cm 실크리본 약간, 지름 0.4cm 진주알 2개

• How To Make •

**16** 실물 패턴: P.189 수록

[드라젤라 보닛 만들기 1~15번 참고] 78쪽 15번에 이어서 챙 안쪽 가장자리에 장식용 레이스 자바라를 진주알과 함께 바느질로 달아줍니다.

**17**

레이스 자바라와 진주알이 고정된 모습입니다.

**18**

챙의 겉면 가장자리에 폭 1cm 프릴레이스를 바느질해 달아줍니다.

**19**

챙의 겉면 가장자리를 프릴레이스로 장식한 모습입니다.

**20**

챙과 브림이 연결된 부위에 폭 2cm의 가운데 주름 프릴레이스를 바느질해 달아줍니다.

**21**

보닛의 탑 가장자리 원형 라인을 따라 폭 1cm 프릴레이스를 달아줍니다.

**22**

챙 안쪽을 장식하기 위한 폭 4cm 프릴레이스 60cm를 준비합니다.

**23**

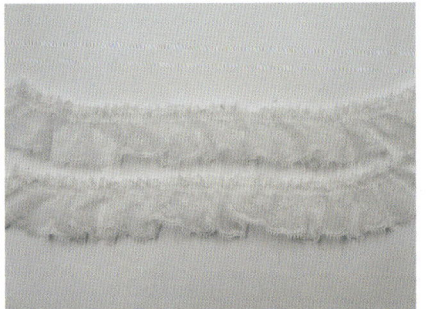

폭 4cm 프릴 레이스를 길이로 2등분합니다.

**24**

2등분한 프릴레이스를 두 겹으로 겹쳐서 주름 부분을 바느질합니다.

25

챙의 안쪽에 두 겹으로 겹친 프릴레이스를 바느질로 고정합니다.

26

폭 3cm, 길이 90cm의 레이스테이프를 보닛의 탑 중앙에 놓습니다.

27

모자 뒤중심에서 좌우 6cm 위치를 시침핀으로 표시합니다. 레이스테이프에 주름홈질해, 시침핀 위치 중 한 곳에 바느질로 고정합니다.

28

레이스테이프에 주름홈질해, 반대쪽 위치에도 레이스를 고정합니다.

29

레이스테이프가 고정된 양옆 부분을 다양한 크기의 진주알로 장식합니다.

30

아나스타샤의 보닛 완성.

• How To Make •

1  실물 패턴: P.187 수록

스판 무지 원단의 긴 쪽 시접을 약 0.5cm 접어, 고운 홈질 또는 재봉틀로 박아서 단처리를 합니다.

2

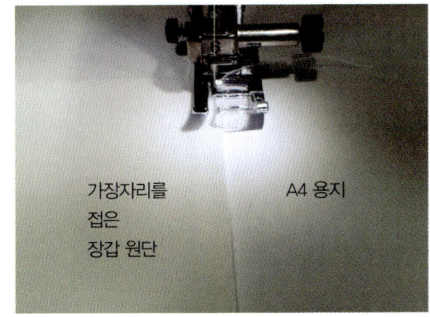

[재봉틀 바느질의 경우] 잘 늘어나는 스판 원단은 원단 아래에 A4 용지를 겹쳐서 박은 후, 종이를 떼어내면 됩니다.

3

장갑 입구의 단처리를 한 모습입니다.

4

원단을 길이로 2등분한 다음, 겉끼리 마주대어 폭을 반으로 접습니다. 골선 부분에 패턴의 엄지 부분이 오도록 시침핀으로 고정해주세요.

5

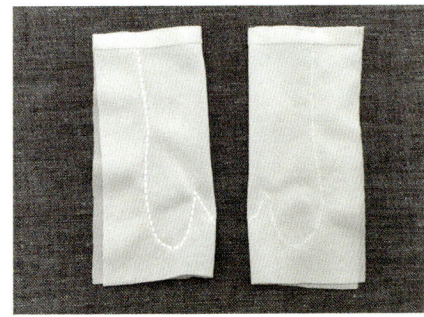

완성선을 따라 고운 홈질하거나 재봉틀로 박습니다. 양쪽 모두 해주세요.

6

시접 0.3~0.4cm를 남기고 재단합니다. 엄지와 나머지 손가락 사이의 시접에 가위집을 넣어줍니다.

7

겸자 등의 도구를 이용해 겉으로 뒤집어줍니다.

8

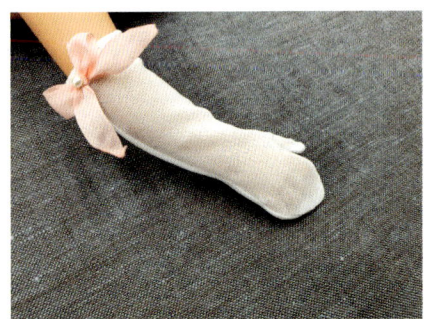

실크리본으로 나비리본을 만들어 진주알과 함께 장갑 입구에 달아주면 아나스타샤의 긴 장갑 완성.

# Anastasia's Bag

아나스타샤의 토트백

• materials •

겉감 15 x 8cm, 안감 15 x 8cm, 2온스 접착솜 12 x 6cm, 폭 1cm 프릴레이스 10cm, 지름 1cm 소형 카메오와 프레임 부자재, 연핑크색 자수실 90cm, 지름 0.3cm 진주알 6알, 지름 0.4cm 진주알 6알, 지름 0.5cm 진주알 4알, 지름 0.6cm 진주알 3알, 크림색 시드비즈 100알

• How To Make •

1 실물 패턴: P.189 수록

토트백 패턴을 겉감 2장, 안감 2장 재단합니다. 접착솜은 시접 없이 2장 재단합니다.

2

접착솜의 접착 부분이 겉감 안쪽으로 가게 놓은 후, 다림질로 접착합니다.

3

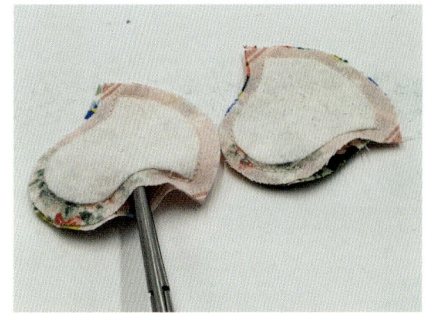

접착솜이 부착된 겉감과 안감을 각각 겉끼리 마주대어 완성선을 따라 바느질합니다. 이때 옆쪽에 창구멍 약 2cm를 남깁니다.

4

시접의 뾰족하거나 각진 부분은 잘라냅니다.

5

겸자 등의 도구를 이용해, 창구멍을 통해 겉으로 뒤집고 다림질합니다.

6

토트백 패턴을 안끼리 마주대어, 입구를 제외한 가장자리를 공그르기로 연결합니다.

7

토트백 가장자리를 연결한 모습입니다.

8

폭 1cm 프릴레이스를 토트백 둘레에 달아줍니다.

9

프릴레이스로 토드백을 장식한 모습입니다.

10

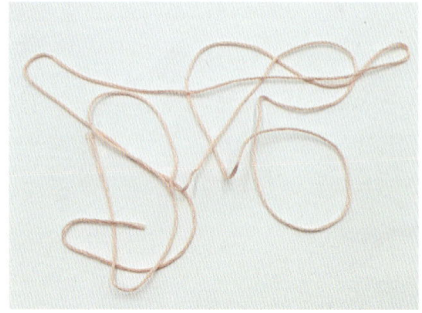

[장식용 태슬 만들기] 자수용 실을 준비합니다.

11

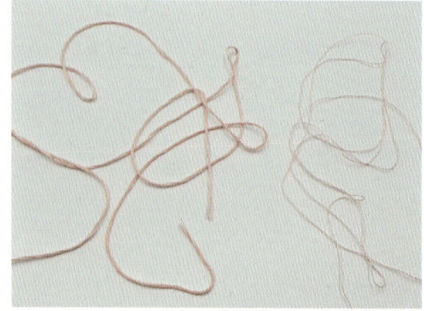

6올이 겹쳐진 자수실에서 1올을 뺍니다.

12

5올이 된 자수실을 여러 번 접어 8겹의 실묶음을 만듭니다.

13

바늘에 꿴 실을 토트백 하단 중심의 안에서 밖으로 빼냅니다. 이 실로 실묶음의 중심 부분을 고정합니다.

14

토트백 하단 중심에 실묶음을 단단히 고정한 모습입니다.

15

따로 빼놓은 자수실 1올로 실묶음을 단단히 묶어 매듭을 짓습니다. 실의 끝은 실묶음 안쪽으로 넣어 보이지 않게 합니다.

16

토트백 상단에서, 바늘에 꿴 실을 안에서 밖으로 빼냅니다.

17

이 실로 카메오 장식을 고정합니다. 이때 작은 진주알을 곁들이면 좋습니다.

18

입구를 진주알로 장식합니다. 가장 큰 진주알을 중심에 놓고, 좌우 대칭이 되도록 점점 작은 진주알을 배치합니다.

19

토트백 입구에서 실을 빼내어 시드비즈를 꿰닙니다.
14~15cm 길이가 되도록 꿰어주세요.

20

반대쪽 끝에서 시드비즈의 매듭을 지어줍니다.

21

토트백 양옆을 남은 진주알로 장식합니다.

22

아나스타샤의 토트백 완성.

# Little Women

작은 아씨들

# Meg's Dress

메그의 드레스

· materials ·

잔꽃무늬 나염 원단 150 x 22cm, 칼라용 60수 광목 16 x 12cm, 소맷단 장식용 폭 1cm 프릴레이스 15cm, 밑단 장식용 폭 3cm 프릴레이스 84cm, 0.3cm 지름 단추 7개, 프랑스자수용 색실 2종 약간, 스냅단추 2개

• How To Make •

1 실물 패턴: P.190 수록

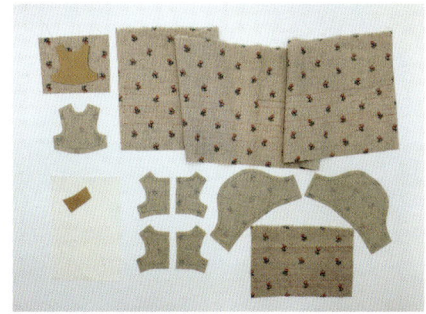

치마 80 x 20cm 1장, 상의 앞판(겉감 12 x 9cm 1장, 안감 패턴대로1장), 상의 뒤판(겉감 안감 모두 패턴대로 좌우 1쌍씩), 퍼프소매 2장, 팔소매 18 x 12cm 1장을 재단합니다.

2

상의 겉감의 앞판 중심에 1cm 간격의 선을 2개 그린 후, 좌우로 0.7cm 간격을 두고 2줄씩 더 그립니다. 선을 좌우 대칭이 되게 접어 0.2cm 폭의 핀턱을 잡고 다림질합니다.

3

핀턱을 잡은 상의 겉감 안쪽면에 앞판 패턴(시접 제외)을 올려 시접의 여유를 두고 재단합니다.

4

상의 앞판과 뒤판을 어깨선에서 바느질로 연결하고 시접은 가름솔합니다.

5

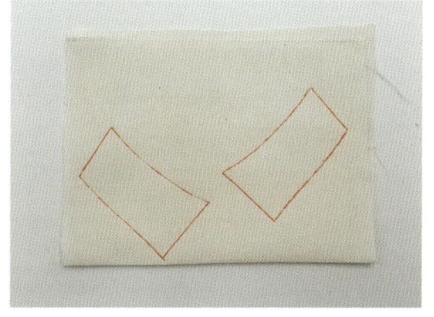

칼라용 원단을 반으로 접어, 칼라 패턴(시접 제외)을 바이어스 방향으로 놓고 대칭으로 1쌍 그려줍니다.

6

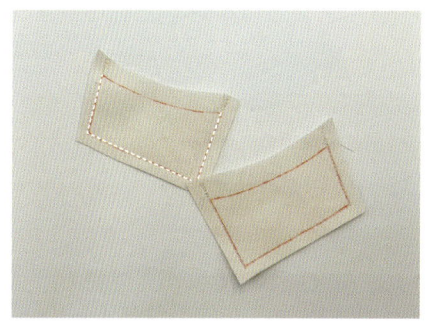

목둘레 쪽을 남기고, 가장자리를 바느질한 후 여분을 잘라냅니다. 칼라처럼 작은 패턴의 경우, 바느질 후 재단하면 편합니다.

7

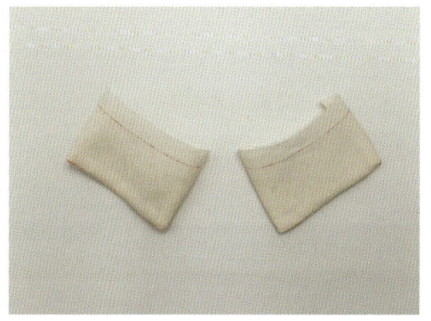

시접의 꺾인 부분은 접거나 가위집을 넣어주고, 겉으로 뒤집어 다림질합니다.

8

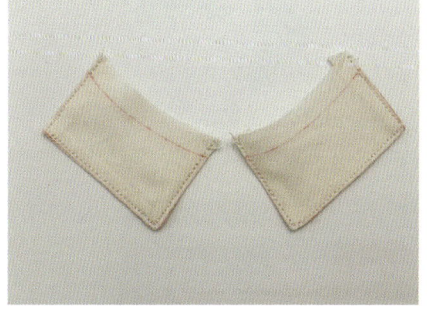

칼라 가장자리에서 0.2cm 여유를 두고 빙 둘러 상침합니다.

9

목둘레와 칼라의 완성선을 잘 맞춰서, 시접 안쪽에 시침질해 연결합니다.

10

[상의 안감] 재단해놓은 상의 안감의 앞판과 뒤판을 어깨선에서 연결하고 시접은 가름솔합니다. 만들어놓은 상의 겉감과 안감을 겉끼리 마주댑니다.

11
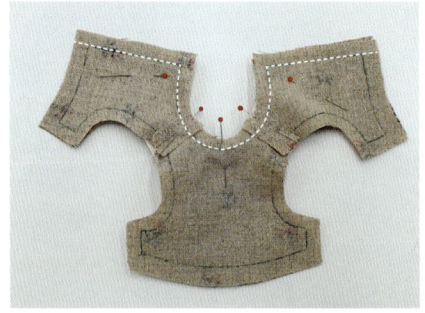

상의 겉감과 안감을 시침핀으로 고정하고, 뒤여밈과 목둘레를 빙 둘러 바느질합니다.

12

시접의 각진 부분은 접거나 사선으로 잘라내고, 곡선 부분엔 가위집을 넣어줍니다.

13

겉으로 뒤집어 다림질한 후. 뒤여밈과 목둘레의 솔기에서 0.2cm 간격을 두고 상침합니다. 상의 밑단, 옆선, 진동둘레에 지그재그 스티치합니다.

14

팔소매용 원단의 윗단에서 2cm 아래에 선을 긋고, 1cm 간격으로 2줄 더 그립니다. 다시 1.5cm 아래에 1cm 간격으로 4줄 더 그립니다. 선을 각각 접어 0.2cm 폭의 핀턱을 잡습니다.

15

다림질로 핀턱을 고정한 후, 팔소매용 원단 위에 팔소매 패턴을 올리고 시접 여유를 두고 2장 재단합니다.

16

팔소매 밑단을 겉쪽으로 접고, 시접 부분에 장식용 레이스를 올려 바느질로 고정합니다.

17

장식용 레이스가 부착된 소맷단의 겉면과 안쪽 면의 모습입니다.

18

퍼프소매와 팔소매를 연결할 차례입니다.

19

퍼프소매의 밑단에 주름홈질해 팔소매 윗단의 길이에 맞춰 줄여주세요. (패턴의 위치 참고)

20

퍼프소매 밑단과 팔소매 윗단을 겉끼리 마주대어 바느질하고, 시접은 팔소매 쪽으로 접습니다. 솔기에서 0.2cm 간격을 두고 상침합니다.

21

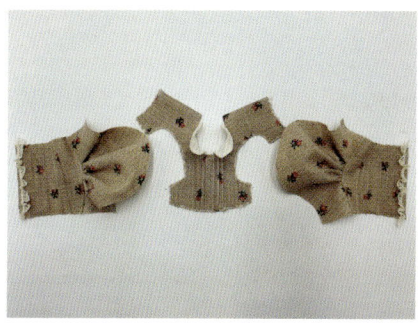

퍼프소매의 소매산에 주름홈질해 상의의 진동둘레에 맞춰 줄여줍니다. (패턴의 위치 참고)

22

퍼프소매와 상의를 겉끼리 마주대어 바느질해 연결하고, 시접은 퍼프소매 쪽으로 접습니다.

23

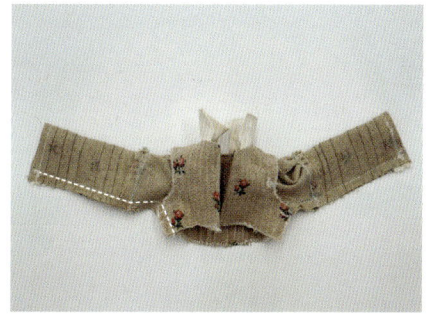

안으로 뒤집어 소매 옆선과 허리 옆선을 바느질하고, 겨드랑이 부분 시접에 가위집을 넣어줍니다.

24

허리 옆선 시접은 가름솔합니다. 겨드랑이 쪽에 미리 가위집을 넣어 놓으면, 옆선 시접 처리도 용이하고 옷 모양도 뒤틀리지 않습니다.

25

겉으로 뒤집어 상의를 마무리합니다.

26

치마용 원단 윗단에서 9cm 아래에 선을 그리고, 1cm 간격으로 2줄 더 그립니다. 다시 2cm 내려와 1cm 간격으로 4줄 그립니다. 각 선을 접어 0.2cm 폭의 핀턱을 잡습니다.

27

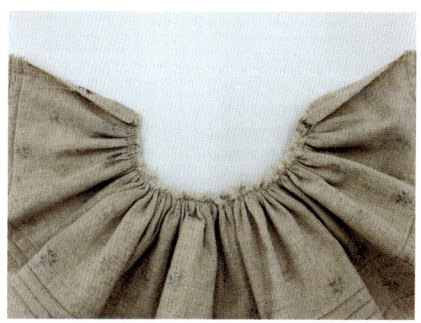

다림질로 핀턱을 고정한 후, 양옆을 접은 상태에서 치마 윗단에 주름홈질해 상의 밑단 길이에 맞춰 줄여줍니다. 주름을 정돈하고 다림질합니다.

28

주름 잡은 치마 윗단과 상의 밑단을 겉끼리 마주대어 시침 핀으로 고정하고 바느질합니다.

29

시접은 상의 쪽으로 접고, 솔기에서 0.2cm 간격을 두고 상 침합니다.

30

치마 뒤중심을 겉끼리 마주대어 바느질하고 시접은 가름 솔합니다. 이때 허리 라인에서 약 3cm는 바느질하지 않고 남겨둡니다.

31

치마 밑단을 0.3cm씩 2번 말아 접어서 상침합니다.

32

치마 밑단 안쪽에 폭 3cm의 프릴레이스를 겹쳐서 바느질 로 달아줍니다.

33

칼라를 아래로 접어 모양을 잡아주고, 드레스 원단의 무늬 에 어울리는 색실로 취향에 맞는 패턴으로 프랑스자수를 놓습니다.

34

상의 뒤여밈 위아래에 스냅단추를 달아줍니다.

35

드레스 치마 부분에 물을 뿌려 자연스러운 구김을 만들어 주면 메그의 드레스 완성.

# Meg's Long Cape

메그의 롱 케이프

• materials •

울 원단 75 x 40cm, 안감용 린넨 75 x 40cm, 가장자리 장식용 자수실, 스냅단추 2개

• How To Make •

1 실물 패턴: P.191~P.193 수록

**[울 겉감]** 롱케이프 뒤판 1장, 앞판 패턴1/패턴2 대칭으로 1쌍, 칼라 겉감 1장, 겉케이프 뒤판 1장, 겉케이프 앞판 대칭으로 1쌍을 재단합니다.

2

**[린넨 안감]** 롱케이프 겉감과 동일하게 재단합니다.

3

겉감의 앞판 패턴1과 패턴2를 겉끼리 마주대어, 팔이 통과할 슬릿 부분을 남겨두고 바느질합니다.

4

시접을 가름솔하면 사진처럼 슬릿이 만들어집니다. 반대쪽도 똑같이 해주세요.

5

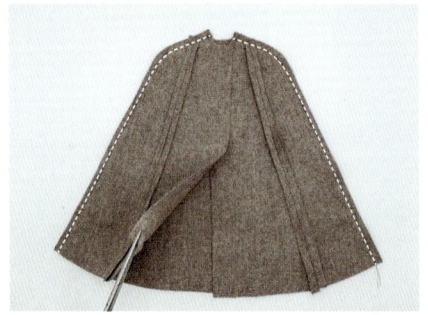

겉감 앞판과 뒤판을 겉끼리 마주대어 옆선을 바느질하고, 시접은 가름솔합니다.

6

겉감과 동일한 방법으로, 안감의 앞판과 뒤판을 연결하고 시접은 가름솔합니다.

7

만들어놓은 롱케이프 겉감을 겉으로 뒤집어 모양을 정돈합니다.

8

롱케이프 겉감과 안감을 겉끼리 마주대어 시침핀으로 고정합니다. 밑단에 약 5cm의 창구멍을 남기고 가장자리를 빙 둘러 바느질합니다.

9

시접의 곡선 부분엔 가위집을 넣고, 각진 부분은 사선으로 잘라냅니다. 겉으로 뒤집어 살짝 다림질하거나 스팀을 쏘여줍니다.

10

겉감과 안감의 슬릿 위치가 일치하도록 시침핀으로 고정합니다.

11

슬릿의 겉감과 안감 가장자리를 동일 계열의 실로 공그르기합니다.

12

겉감과 안감의 슬릿 시접을 깔끔하게 고정한 모습입니다.

13
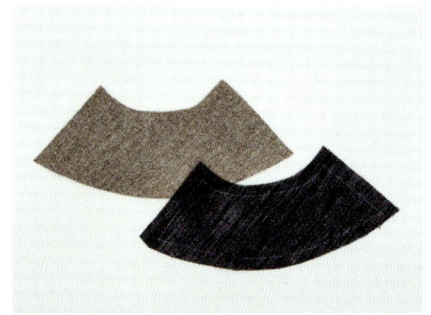
재단해둔 칼라의 겉감과 안감을 연결할 차례입니다.

14
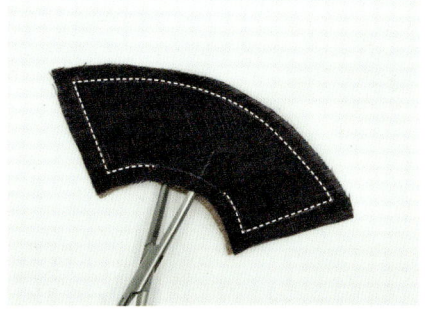
칼라 겉감과 안감을 겉끼리 마주대고, 창구멍을 제외한 가장자리 완성선을 빙 둘러 바느질합니다.

15

시접의 곡선 부분엔 가위집을 넣고, 각진 부분은 사선으로 잘라냅니다. 겉으로 뒤집어 살짝 다리거나 스팀을 쏘입니다. 창구멍은 그냥 둡니다.

16

칼라의 목둘레 중심점과 롱케이프의 목둘레 중심점을 잘 맞춰서, 시침핀으로 고정합니다. 위치가 정확해야 칼라가 좌우 대칭이 됩니다.

17

칼라 겉감과 롱케이프 안감을 공그르기로 연결합니다. 같은 방법으로 칼라 안감과 롱케이프 겉감도 연결해주세요.

18

칼라를 연결한 모습입니다.

19

[겉케이프 만들기] 겉케이프의 겉감 패턴을 준비합니다.

20

겉케이프 겉감의 앞판과 뒤판을 겉끼리 마주대고 옆선을 바느질합니다.

21

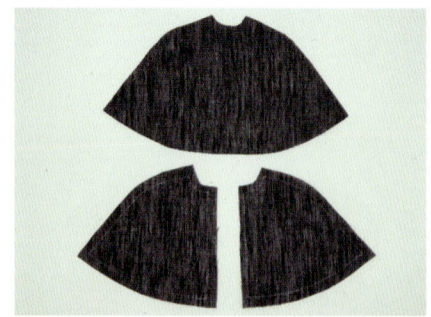

겉케이프의 안감 패턴을 준비합니다.

22

겉케이프 안감의 앞판과 뒤판을 겉끼리 마주대고 옆선을 바느질합니다.

23

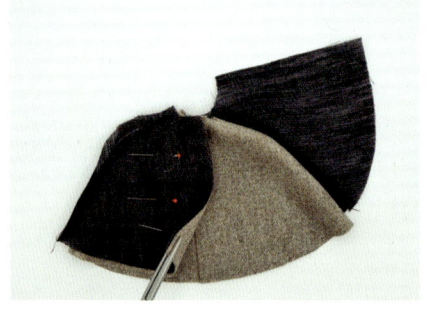

겉케이프의 겉감과 안감을 겉끼리 마주대어 시침핀으로 고정합니다.

24

겉케이프 밑단에 약 5cm의 창구멍을 남기고 가장자리를 빙 둘러 바느질합니다. 시접의 곡선 부분엔 가위집을 넣고 각진 부분은 사선으로 잘라냅니다.

25

겉으로 뒤집어 살짝 다림질하거나 스팀을 쏘여줍니다.

26

[자수로 장식하기] 프랑스자수실 3가닥을 페어 롱케이프 가장자리에 페더(feather) 스티치를 해줍니다.

27

자수가 시작되는 위치에서 실을 안에서 밖으로 빼낸 후, 오른쪽에서 사선 방향으로 한 땀 떠줍니다.

28

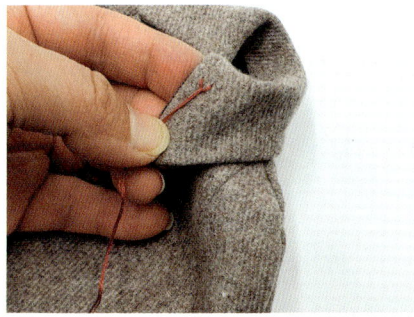

바늘과 함께 실을 당기면 Y자 형태의 모양이 나옵니다.

29

이번에는 왼쪽에서 사선 방향으로 바늘땀을 떠줍니다. 바늘땀의 크기는 같고, 방향은 대칭이 되어야 합니다.

30

이런 식으로 반복하면 새의 깃털 모양이 나오는데, 이를 페더 스티치라고 합니다.

31

패턴을 참고해 원하는 곳에 페더 스티치, 아웃트라인 스티치, 프렌치너트 스티치 등을 해주면 의상의 완성도가 높아집니다.

32

롱케이프 앞여밈에 스냅단추 2개를 달아줍니다.

33

자수로 장식한 롱케이프 앞모습.

34

롱케이프 뒤판도 페더 스티치로 장식했습니다.

35

자수로 장식한 겉케이프 앞모습.

36

롱케이프와 겉케이프를 레이어드 코디한 모습. 메그의 롱케이프 완성.

# Meg's bonnet & Handmuff
메그의 보닛 & 핸드머프

· materials ·

**보닛:** 울 원단 25 x 35cm, 안감용 린넨 25 x 25cm, 챙 안감용 밝은 톤 린넨 60 x 6cm, 챙 안쪽 장식용 폭 1.5cm 주름 프릴레이스 20cm, 장식용 조화 약간, 검정색 리본테이프 약 40cm **핸드머프:** 털 원단 18 x 15cm, 스트랩용 매듭끈 또는 면끈 약 200cm

• How To Make •

1 실물 패턴: P.194 수록

[울 겉감] 챙 1장, 브림 1장, 뒤판 1장을 재단합니다. [린넨 안감] 브림 1장, 뒤판 1장을 재단합니다. [밝은 톤 린넨] 챙 안감 60 × 6cm를 준비합니다.

2

챙 안감용 밝은 톤 린넨 원단의 위아래에 각각 0.5cm 여유를 두고 주름홈질합니다. 윗단은 35cm, 밑단은 22cm가 되도록 줄인 후, 스팀을 쏘입니다.

3

주름 잡은 챙 안감용 린넨과 챙 겉감을 겉끼리 마주댑니다.

4

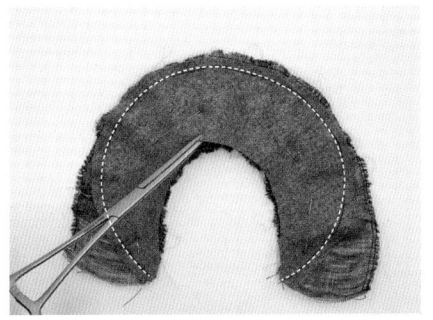

챙의 겉감과 안감을 잘 겹쳐 시침핀으로 고정한 후, 챙의 바깥 가장자리를 바느질합니다.

5

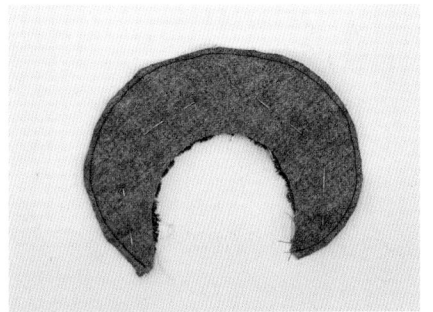

바느질한 후 여분의 안감은 잘라냅니다.

6

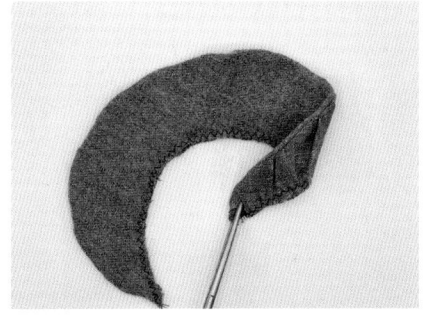

겉으로 뒤집어, 챙 안쪽 가장자리를 마감합니다. 완성선 밖에서 촘촘한 감침질을 하거나 재봉틀로 지그재그 스티치를 해주면 됩니다.

7

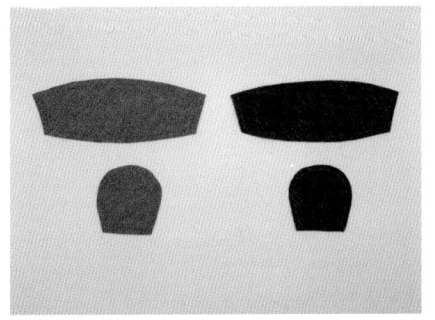

보닛의 브림과 뒤판 패턴을 겉감, 안감 모두 준비합니다.

8

브림과 뒤판을 겉끼리 마주대어 바느질합니다. 겉감과 안감 똑같이 해주세요.

9

브림+뒤판의 겉감만 겉으로 뒤집어줍니다.

10

브림+뒤판의 겉감과 안감을 겉끼리 마주대어 겹쳐준 상태에서 밑단을 바느질합니다.

11

겉으로 뒤집은 후 모양을 정돈합니다. 챙이 연결될 부분은 바느질되지 않은 상태입니다.

12

중심점을 기준으로, 챙과 브림을 겉끼리 마주댑니다. 챙과 브림의 겉감을 시침핀으로 고정하고 완성선을 바느질합니다. 이때 안감은 연결하지 않습니다.

13

브림의 겉감과 챙이 연결된 모습입니다.

14

브림의 안감 시접을 안으로 접어 넣고, 챙의 안쪽 연결 위치에 시침핀으로 고정합니다.

15

동일 계열의 실을 사용해, 챙 연결선에 브림의 안감 가장자리를 촘촘한 공그르기로 고정합니다.

16

보닛의 기본 형태가 만들어졌습니다.

17

챙 안쪽에 폭 1.5cm의 프릴레이스를 달아 장식합니다. 이때 레이스와 동일한 색깔의 실을 사용하는 것이 요령입니다.

18

챙의 안쪽 가장자리를 조화로 장식합니다. 검정색 레이스 테이프를 2등분해서 챙 양끝에 고정해 끈을 만들어주면, 메그의 보닛 완성.

• How To Make •

1

털 원단을 18 x 15cm 크기로 재단합니다. 양면 또는 단면이 털로 처리된 원단을 사용하면 되는데, 사진의 원단은 양면입니다.

2

털 원단을 반으로 접어, 시접 약 0.8cm를 두고 옆선을 바느질합니다.

3

시접이 안으로 가도록 털 원단을 뒤집고, 재봉선이 중심에 오도록 합니다.

4

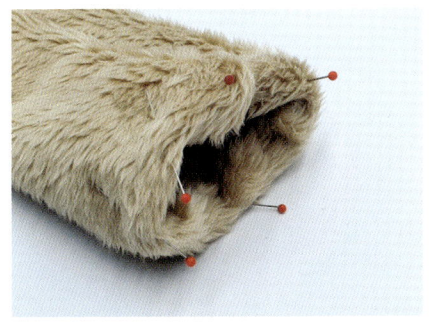

원통 모양의 핸드머프 가장자리 시접을 약 1cm 안으로 접어 넣고 시침핀으로 고정합니다.

5

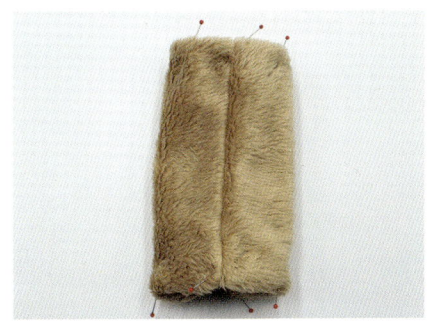

위아래 모두 고정해주세요.

6

이 상태에서 위아래 가장자리를 서로 맞닿게 합니다. 이때 핸드머프의 재봉선은 여전히 안쪽 중심에 위치해야 합니다.

7

한쪽 끝에서 공그르기를 시작합니다. 원단 특성상 바늘땀은 아주 촘촘하지 않아도 됩니다. 1cm에 두 땀 정도가 적당합니다.

8

안쪽 가장자리의 공그르기가 끝나면, 바깥쪽 가장자리를 공그르기합니다. 핸드머프를 돌려가며 바느질하면 편합니다.

9

바깥쪽 가장자리의 공그르기가 거의 끝난 모습입니다.

10

연결 부분 완성. 매듭을 지은 후, 실을 안쪽으로 넣어 자르면 실땀이 보이지 않아 깔끔합니다.

11

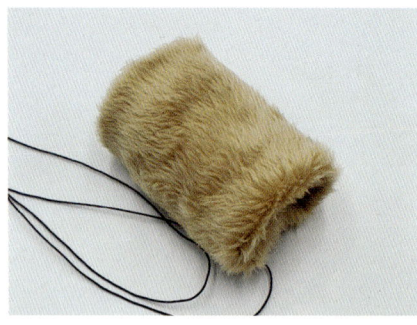

핸드머프 스트랩용 면끈을 준비합니다.

12

면끈을 6등분하여 한쪽 끝을 묶은 후, 2줄씩 3가닥으로 나눠 촘촘하게 땋아줍니다.

13

약 8~9cm 땋은 후, 한 번 묶어서 끝을 고정합니다.

14

스트랩의 양끝을 모아서 핸드머프 안쪽에 바느질로 고정합니다. 밖으로 비어나오지 않도록 단단히 고정하세요.

15

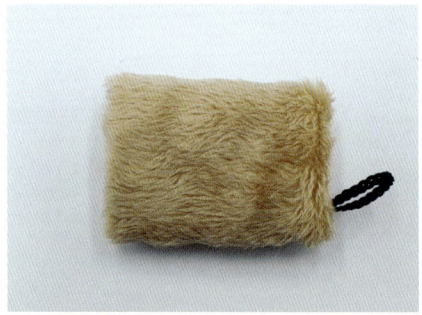

메그의 핸드머프 완성.

## Joe's Shirt Blouse

조의 셔츠 블라우스

• materials •

50수 코튼 자카드 50 x 45cm, 0.3cm 단추 5개, 스냅단추 3개

• How To Make •

1 실물 패턴: P.195~ P.197 수록

뒤판 1장, 앞판 좌우 대칭 1쌍, 안단 1장, 퍼프소매 바이어스 방향 원단 무늬 좌우 대칭 1쌍, 팔소매 2장, 소매 프릴용 16 x 3.5cm 2장, 칼라용 12 x 9cm를 재단합니다. (퍼프소매와 프릴은 바이어스 재단)

2

셔츠블라우스의 뒤판과 앞판 좌우를 겉끼리 마주대어 바느질하고 시접은 가름솔합니다. 앞판 좌우 모양이 다르므로 유의하세요.

3

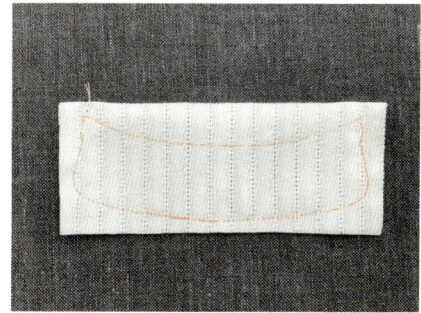

칼라용 원단 12 x 9cm를 반 접어, 칼라 패턴(시접 제외)의 완성선을 그려줍니다. 목둘레 쪽을 남기고 가장자리를 빙 둘러 바느질합니다.

4

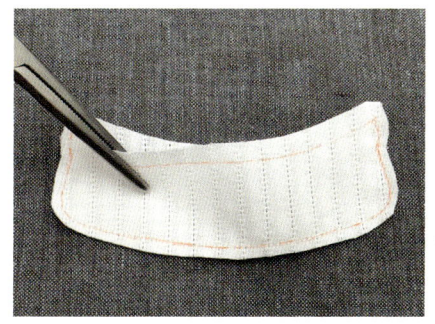

가장자리 시접을 남기고 재단합니다. 곡선 부분에 가위집을 넣고 겉으로 뒤집어줍니다.

5

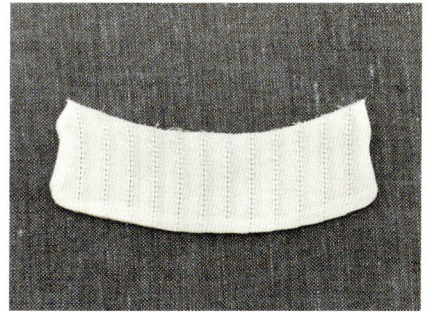

다림질로 모양을 정돈합니다.

6

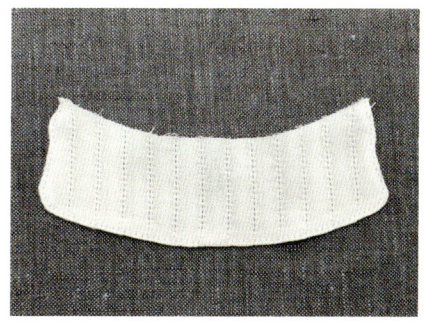

목둘레를 제외하고, 0.1cm 간격을 두고 가장자리에 상침합니다.

7

셔츠블라우스 겉면 위에 칼라를 올리고, 칼라의 중심점과 셔츠블라우스 뒤판 목 중심점을 맞춥니다.

8

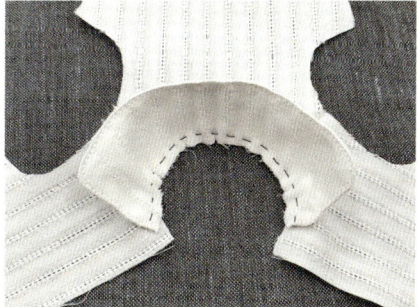

칼라와 셔츠블라우스를 시접 안쪽에서 시침질해 연결합니다. 이때 셔츠블라우스 좌우 앞판의 여분이 다르므로 유의하세요.

9

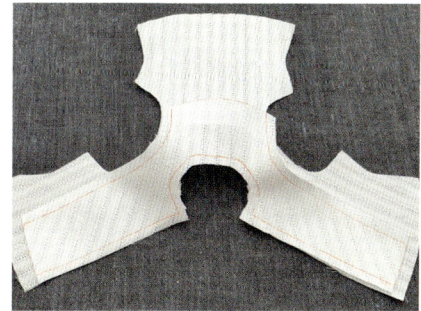

칼라를 연결한 셔츠블라우스와 안단을 겉끼리 마주댑니다.

10

앞여밈과 목둘레를 빙 둘러 바느질해 연결합니다.

11

시접의 곡선 부분에 가위집을 넣어줍니다.

12

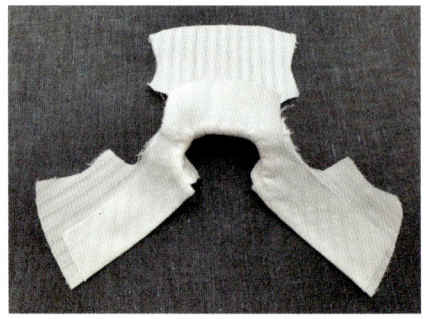

안단을 안으로 접어 넣고 다리미로 모양을 정돈합니다. 특히 목둘레와 앞중심이 연결되는 부분의 각이 잘 나오도록 유의하세요.

13

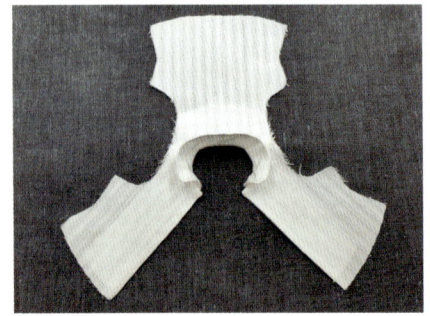

칼라와 안단을 연결한 셔츠블라우스 겉면.

14

앞단의 좌우 길이가 다른 것을 확인할 수 있습니다.

15

퍼프소매, 팔소매, 소맷단 프릴 패턴을 준비합니다. 이하 소매는 좌우 동일하게 작업합니다.

16

먼저 바이어스 방향으로 재단한 소매 프릴용 패턴을 겉면이 나오게 가로로 반 접어 다림질합니다.

17

소매 프릴용 패턴의 양끝을 사진과 같이 둥그스름한 사선 형태로 잘라내고, 골선 아닌 쪽에 주름홈질해 팔소매(시접 제외)에 맞춰 줄여줍니다.

18

퍼프소매 밑단에도 주름홈질해 팔소매 윗단에 맞춰 줄여줍니다.

19

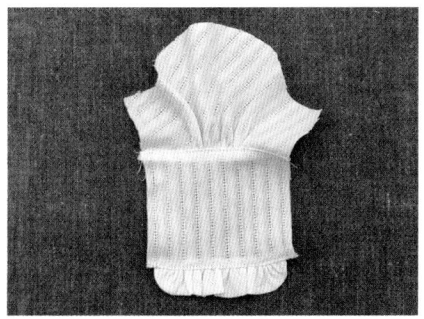

퍼프소매와 팔소매를 겉끼리 마주대어 연결하고, 시접은 팔소매 쪽으로 접고 상침합니다. 팔소매와 소매 프릴도 겉끼리 마주대어 연결하고, 시접은 팔소매 쪽으로 접고 상침합니다.

20

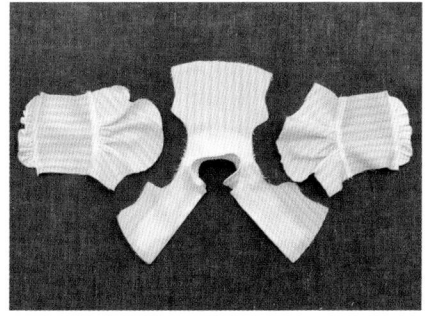

셔츠블라우스와 소매를 연결할 차례입니다.

21

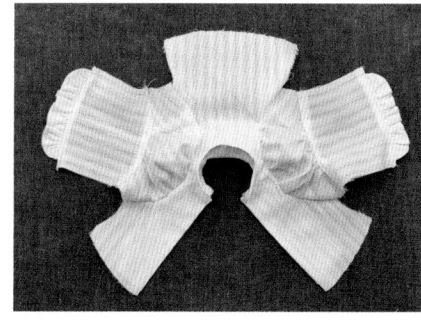

퍼프소매의 소매산에 주름홈질해 셔츠블라우스 진동둘레에 맞춰 줄여줍니다. 소매와 블라우스를 겉끼리 마주대어 바느질하고, 시접은 소매 쪽으로 접습니다.

22

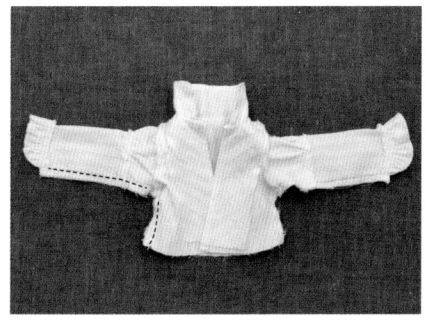

안으로 뒤집어 소매 옆선과 허리 옆선을 바느질하고, 양쪽 겨드랑이 시접에 가위집을 넣습니다. 이렇게 하면 모양이 뒤틀리지 않습니다.

23

셔츠블라우스를 겉으로 뒤집은 모습입니다.

24

셔츠블라우스 밑단을 0.3cm씩 2번 말아 접어 단처리 합니다. 이 과정에서 안단의 밑단도 함께 처리되도록 해주세요.

25

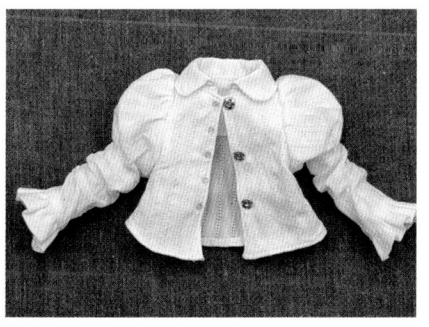

셔츠블라우스의 왼쪽(사진상) 앞여밈에 지름 0.3cm 단추를 5개 달아줍니다. 안쪽 면에 지름 0.5cm의 스냅단추를 달고, 오른쪽 앞여밈에도 해당 위치에 스냅단추를 답니다.

26

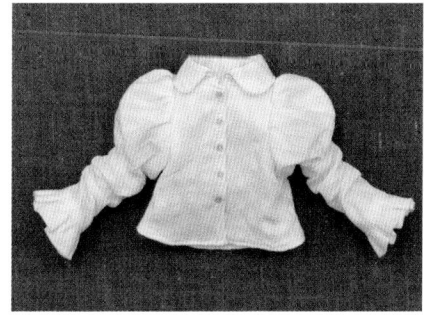

조의 셔츠 블라우스 완성.

## Joe's Long Skirt

조의 롱 스커트

― • materials • ―

30수 동유럽 린넨 70 x 45cm, 스냅단추 1개

• How To Make •

1 실물 패턴: P.197 수록

겉치마 70 x 17.5cm 1장, 안치마 70 x 20cm 1장, 허리둘 레 패턴 겉감 1장, 안감 1장을 재단합니다.

2

치마의 밑단을 0.3cm씩 2번 말아 접어 고운 홈질 또는 재봉틀로 상침합니다. 겉치마, 안치마 모두 해주세요.

3

겉치마와 안치마의 윗단을 맞춰서, 시접 약 0.5cm를 남기고 바느질합니다. 보이는 면은 모두 겉면입니다.

4

겹쳐진 치마 윗단에 주름홈질해 허리둘레 패턴(시접 포함)의 길이에 맞게 줄여줍니다.

5

주름 잡은 치마 윗단과 허리둘레 패턴 밑단을 겉끼리 마주 대어 시침핀으로 고정합니다.

6

치마 윗단과 허리둘레 밑단을 완성선에 맞춰 바느질합니다. 이때 허리둘레 양끝 시접 분량까지 바느질해야 합니다.

7

시접은 자연스럽게 허리둘레 쪽으로 향하게 하고, 솔기에서 0.2cm 간격을 두고 홈질하거나 재봉틀로 상침합니다.

8

허리둘레 겉감 위에 허리둘레 안감을 겉끼리 마주대어 시침핀으로 고정합니다.

9

허리둘레 안감의 양쪽 밑단을 살짝 접은 상태에서, 양옆과 윗단을 홈질합니다. 시접의 곡선 부분엔 가위집을 넣고, 각진 부분은 접어서 다림질합니다.

10

허리둘레를 겉으로 뒤집어줍니다.

11

허리둘레 안감의 밑단 시접을 안으로 접어 넣고, 시침핀으로 고정합니다. 시접이 곡선 형태이므로 신경 써서 모양을 잡아주세요.

12

허리둘레 안감 밑단을 감침질이나 공그르기로 마무리합니다.

13

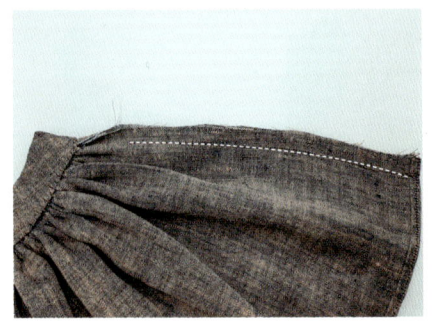

치마의 양옆 시접(네 겹)을 모아 완성선에 맞춰 홈질하거나 재봉틀로 박아주세요. 이때 허리둘레 밑단에서 약 3cm는 바느질하지 않습니다.

14

치마의 뒤중심 시접은 가름솔합니다.

15

바느질하지 않은 뒤중심의 트임 부분 가장자리에 상침하고 허리둘레 양끝에 스냅단추를 달아줍니다.

16

조의 롱 스커트 완성.

# Joe's Jacket & Muffler

조의 재킷 & 머플러

― • materials • ―

**재킷:** 20수 황갈색 린넨 50 x 45cm, 30수 체크 원단 15 x 15cm, 0.4cm 단추 4개, 스냅단추 2개  **머플러:** 30수 체크 원단 40 x 8cm

• How To Make •

1 실물 패턴: P.198~ P.200 수록

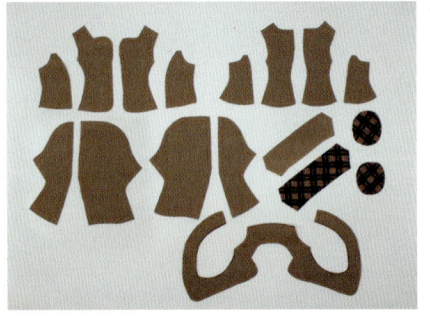

앞판1/앞판2 1쌍, 뒤판1/뒤판2 1쌍, 소매1/소매2 1쌍, 칼라 겉감과 안감(체크) 각 1장, 팔꿈치 패치(체크) 2장, 안단을 재단합니다.

2

재킷 앞판1과 앞판2 패턴을 연결하고, 시접은 앞판1 쪽으로 접습니다. 좌우 동일합니다.

3

재킷 뒤판1과 뒤판2 패턴을 연결하고, 시접은 뒤판1 쪽으로 접습니다. 좌우 동일합니다.

4

재킷의 뒤중심을 연결하고, 시접은 가름솔합니다.

5

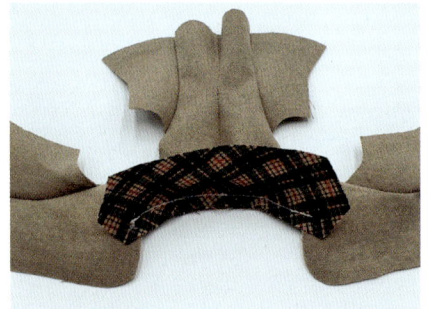

재킷 앞뒤판을 어깨선에서 연결하고 시접은 가름솔 처리합니다. 칼라 안감의 중심점과 재킷 뒤판 중심선이 겹치도록 재킷 목둘레에 바느질합니다. 이때 칼라의 양옆 시접은 바느질하지 않습니다.

6

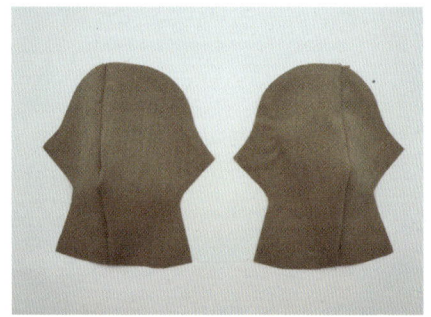

소매1과 소매2 패턴을 연결하고 시접은 가름솔합니다. 좌우 모두 해주세요.

7

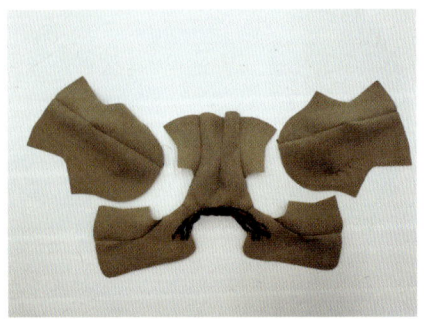

재킷과 소매를 연결할 차례입니다. 이때 소매1 패턴(큰 쪽)이 재킷 앞판 쪽에 연결되어야 합니다.

8

소매산에 주름홈질해 재킷의 진동둘레에 맞춰 줄여줍니다. 재킷과 소매를 겉끼리 마주대어 바느질해 연결합니다.

9

소맷단을 0.3cm씩 2번 말아 접어 고운 홈질로 단처리 합니다.

10

안으로 뒤집어 모양을 잘 정돈한 후, 소매 옆선과 재킷 옆선을 바느질해 연결합니다.

11

소매 중심과 겨드랑이 시접에 가위집을 넣어줍니다.

12

재킷을 겉으로 뒤집어줍니다.

13

재킷 안단과 칼라 겉감을 중심점 기준으로 연결하되, 칼라의 양끝 시접은 바느질하지 않고 남겨둡니다.

14

재킷(칼라 안감이 부착된 상태)과 안단(칼라 겉감이 부착된 상태)을 겉끼리 마주대어 시침핀으로 고정합니다.

15

칼라 겉감과 칼라 안감의 양끝 시접(바느질하지 않은 부분)을 접어서 시침핀으로 고정합니다.

16

재킷과 안단을 겉끼리 마주댄 상태에서 가장자리를 빙 둘러 고운 홈질을 합니다.

17

재킷을 겉으로 뒤집어 가장자리 형태를 정돈합니다. 바느질하지 않은 칼라의 양끝 부분을 재킷 목둘레에 공그르기로 연결합니다. 겉감 안감 각각 연결해주세요.

18

재킷 가장자리에서 0.2cm 간격을 두고 앞여밈, 밑단, 목둘레를 빙 둘러 상침합니다.

19

재킷의 칼라 라인을 접어서 다림질하고, 앞여밈에 단추를 4개 달아줍니다. (패턴의 위치 참고)

20

재킷 안쪽에 스냅단추를 2개 달아 여밈을 만듭니다. 첫 번째와 세 번째 단추 위치에 달아주세요.

21

재단해둔 팔꿈치 패치의 가장자리에 촘촘하게 주름홈질합니다.

22

실을 당겨 시접을 고정한 후 다림질합니다.

23

양쪽 소매에 촘촘한 버튼홀 스티치로 팔꿈치 패치 패턴을 아플리케합니다.

24

조의 재킷 완성.

1

칼라 안감과 팔꿈치 패치로 사용한 체크 원단을 40 x 8cm 크기로 재단합니다.

2

양끝의 원단을 한 올씩 풀어 약 1.5cm의 술을 만듭니다. 위아래 단도 올을 풀어 0.4~0.5cm의 술을 만듭니다. 올을 풀 때는 바늘을 이용하면 편합니다.

3

스팀 다리미나 분무기로 습기를 준 후, 자연스러운 주름을 만들어 건조합니다. 조의 머플러 완성.

# Beth's Drop Shoulder Dress

### 베스의 드롭 숄더 드레스

— · materials · —

체크 원단 70 x 30cm, 목둘레 패치용 60수 무지 면직물 25 x 15cm, 상의 안감 및 프릴 칼라용 60수 무지 면직물 30 x 20cm, 치마 밑단 장식용 폭 5cm 레이스 75cm, 폭 0.2cm 검정색 리본 12cm, 지름 0.3cm 단추 3개, 스냅단추 2개

• How To Make •

1 실물 패턴: P.201 수록

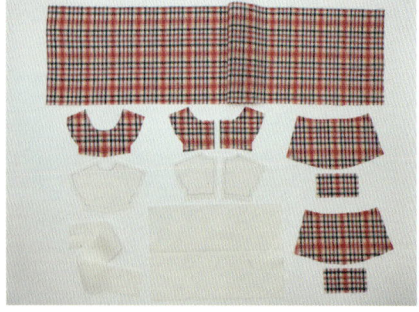

[체크 겉감] 치마 70 x 17cm 1장, 상의 앞판 1장, 상의 뒤판 1쌍, 소매 2장, 커프스 2장을 재단합니다. [무지 원단] 상의 앞판 1장, 상의 뒤판 1쌍, 목둘레 패치용(25 x 15cm), 프릴 칼라용(25 x 4.5cm, 바이어스 방향) 재단.

2

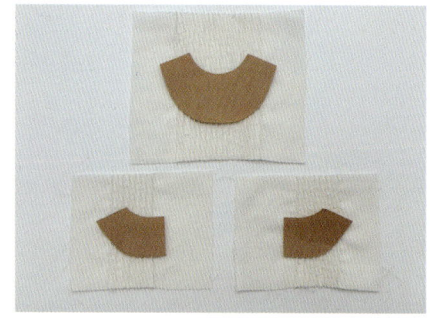

목둘레 패치용 원단을 가로로 2등분하고, 그중 하나는 다시 세로로 2등분합니다. 큰 쪽에 앞판 목둘레 패치를, 작은 쪽 2개에 뒤판 목둘레 패치를 재단하게 됩니다.

3

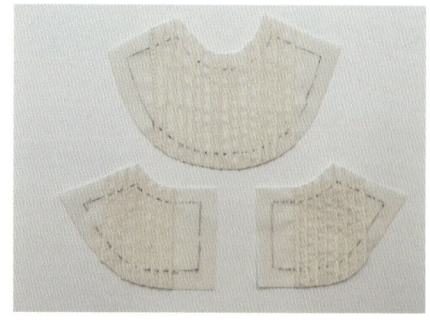

[핀턱 잡기] 큰 쪽에 0.5cm 간격으로 16개의 선을, 작은 쪽엔 8개의 선을 그어 좌우 대칭으로 0.1cm 폭의 핀턱을 잡아줍니다. 다림질 후 각각의 패턴(시접 제외)을 올려 시접을 남기고 재단합니다.

4

상의 겉감(체크 원단)과 핀턱 처리한 목둘레 패치를 연결할 준비를 합니다.

5

각 부분의 완성선을 겉끼리 마주대어 시침핀으로 고정합니다. 완성선이 곡선이므로 분량 조절에 유의하세요.

6

각 부분의 완성선을 따라 바느질합니다. 시접은 체크 원단 쪽으로 향하게 하고 다림질합니다.

7

목둘레 패치를 부착한 상태에서, 앞판과 뒤판을 겉끼리 마주대어 어깨선을 바느질하고 시접은 가름솔합니다.

8

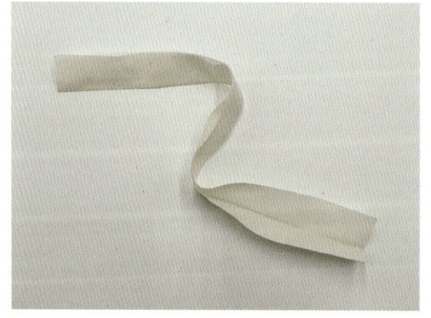

바이어스 방향으로 재단한 프릴 칼라용 패턴을 가로로 반 접어 다림질합니다.

9

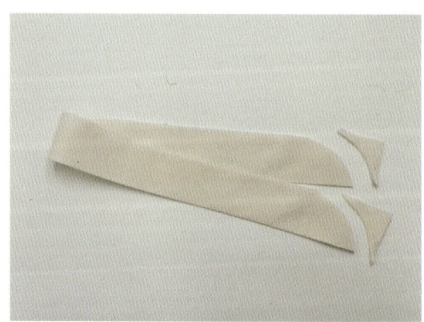

골선 부분을 아래로 놓고, 사진처럼 양쪽 귀퉁이를 둥그스름한 사선 형태로 잘라냅니다.

10

골선을 제외한 라인을 빙 둘러 주름홈질해서, 상의 겉감의 목둘레보다 1cm 짧게 줄여주세요.

11

완성된 프릴 칼라와 상의 목둘레의 완성선을 맞춘 후, 시접선 바깥쪽에서 시침질로 고정합니다.

12

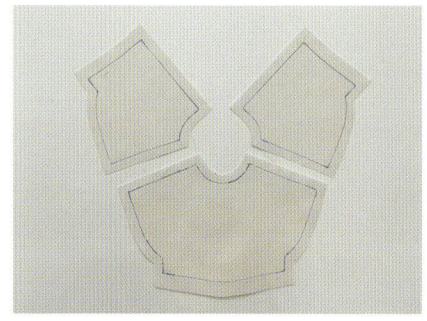

재단해둔 상의 안감을 연결할 차례입니다.

13

상의 안감의 앞판과 뒤판을 겉끼리 마주대어 바느질하고, 시접은 가름솔합니다.

14

상의 겉감과 안감을 겉끼리 마주대어 모양을 잘 맞춘 후, 시침핀으로 고정합니다.

15

상의 겉감과 안감을 겹친 상태에서, 뒤여밈과 목둘레를 빙 둘러 홈질합니다.

16

목둘레 시접엔 가위집을 넣고, 뒤여밈과 목둘레가 만나는 지점의 각진 시접은 겹쳐서 접어줍니다.

17

겉으로 뒤집어 다림질합니다.

18

뒤여밈과 목둘레를 제외한 상의 가장자리에서 0.2~0.3cm 간격을 두고 감침질이나 상침합니다. 이렇게 하면 겉감과 안감이 어긋나지 않고 올품림도 방지됩니다.

19

소매와 커프스를 연결할 차례입니다.

20

소매 밑단의 지정된 위치(패턴 참고)에 주름홈질해서 커프스 길이에 맞춰 줄여줍니다. 소매와 커프스를 겉끼리 마주대어 바느질합니다.

21

커프스의 다른 쪽 시접을 접은 상태에서 안쪽으로 넘겨, 바이어스 처리하듯 소맷단을 감싸서 시침핀으로 고정합니다.

22

소매 겉면 솔기에서 0.2cm 떨어진 라인에 상침합니다. 자연스럽게 소매 안쪽의 커프스 시접도 고정됩니다.

23

상의와 소매를 연결할 차례입니다.

24

소매산에 주름홈질해 상의의 소매 연결 구간에 맞춰 줄여줍니다. 소매와 상의를 겉끼리 마주대어 바느질하고 시접은 소매 쪽으로 접습니다.

25

안으로 뒤집어 소매 옆선과 허리 옆선에 촘촘한 홈질을 해줍니다.

26

겨드랑이 부분에 가위집을 넣어줍니다. 이렇게 해야 옷이 뒤틀리지 않습니다.

27

치마 패턴의 윗단에서 약 9.5cm 내려온 위치에 장식용 레이스를 올려 시침핀으로 고정합니다. 레이스 윗단을 치마와 함께 바느질합니다.

28  29  30

치마 양옆 시접을 약 1cm씩 접은 상태에서, 윗단에 2줄로 주름홈질해 상의 허리 길이에 맞춰 줄여줍니다.

주름이 균일하도록 정리한 후, 다림질로 주름을 고정합니다.

치마 윗단과 상의 허리 라인을 겉끼리 마주대어 시침핀으로 고정한 후, 완성선을 따라 박음질합니다.

31  32  33

시접은 상의 쪽으로 접고, 솔기에서 상의 쪽으로 0.2cm 올라간 위치에 촘촘한 홈질을 하거나 재봉틀로 상침합니다.

치마의 뒤중심을 겉끼리 마주대어 홈질하고 시접은 가름솔합니다. 이때 밑단에서 약 13cm만 재봉하고 위쪽은 트인 채 둡니다.

치마 밑단을 0.3cm씩 2번 말아 접어 촘촘한 홈질을 하거나 재봉틀로 단처리 합니다.

34  35  36

검정색 리본으로 나비리본을 만들어 단추 3개와 함께 목둘레 패치의 중심을 장식합니다.

상의 뒤여밈 쪽에 스냅단추를 달아줍니다.

베스의 드롭 숄더 드레스 완성. 사진은 이너 팬츠와 레이어드 코디한 모습.

# Beth's Inner Pants

베스의 이너 팬츠

― • materials • ―

60수 무지 면직물 40 x 40cm, 고무줄 20cm, 폭 1cm 토션레이스 80cm

• How To Make •

1 실물 패턴: P.202 수록

준비한 원단을 펼쳐서 다림질합니다.

2

밑단 프릴용 패턴(40 x 8cm) 2장을 재단합니다.

3

남은 원단의 아래쪽에 0.1cm 두께의 핀턱을 5줄 잡아줍니다. (패턴의 위치 참고) 이때 핀턱의 방향은 아래를 향해야 합니다.

4

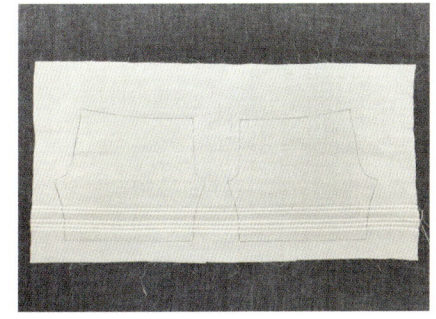

다림질로 핀턱을 고정한 후, 원단의 안쪽 면에 팬츠 패턴(시접 제외)을 올려서 라인을 그립니다.

5

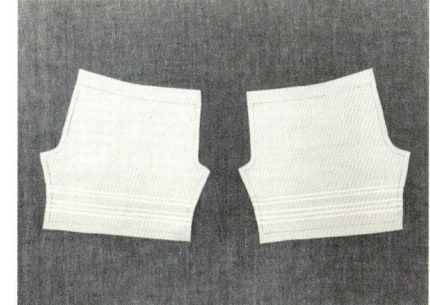

시접을 남기고 재단합니다.

6

밑단 프릴용 원단을 각각 가로로 반 접어 다림질합니다.

7

골선이 아래로 가게 해서, 양끝을 둥그스름한 사선 형태로 잘라냅니다. 사진처럼 원단 2장을 포개서 잘라도 됩니다.

8

프릴용 원단의 골선을 제외하고 빙 둘러 주름홈질해서(시접은 0.4cm 남김), 이너팬츠 밑단 길이에 맞춰 줄여줍니다.

9

이너팬츠 밑단과 프릴 윗단을 겉끼리 마주대어 시침핀으로 고정한 후, 촘촘한 박음질을 하거나 재봉틀로 상침합니다.

10

시접은 이너팬츠 쪽으로 접고, 솔기에서 이너팬츠 쪽으로 0.2cm 올라간 위치에 촘촘한 홈질을 하거나 재봉틀로 상침합니다.

11

이너팬츠 좌우를 겉끼리 마주대어, 앞 밑위와 뒤 밑위를 바느질합니다.

12

바느질한 밑위가 가운데 오도록 모양을 정돈합니다.

13

이 상태에서 밑아래 부분의 완성선을 바느질합니다.

14

허리둘레 시접을 0.4cm 접고, 완성선에 맞춰서 다시 한 번 접어 고무줄의 통로를 만듭니다.

15

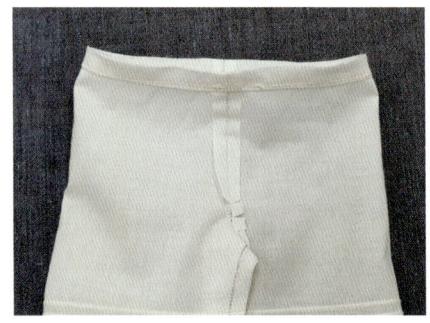

고무줄이 진입할 공간 약 0.6cm를 남기고, 시접 라인의 가장자리를 빙 둘러 상침합니다.

16

도구를 이용해 고무줄을 통과시킵니다. 적당한 텐션으로 고무줄을 당겨 양끝을 묶거나 바느질로 고정합니다.

17

토션레이스로 나비리본을 만들어 앞중심과 옆선 프릴 위치에 바느질로 달아줍니다. 이때 리본 끝이 길게 늘어지게 연출해줍니다.

18

분무기로 물을 뿌려 살짝 구김이 가게 한 후 건조하면, 베스의 이너 팬츠 완성.

# Amy's Pin Tuck Blouse

에이미의 핀턱 블라우스

· materials ·

40수 무지 원단 110 x 25cm, 단추용 0.4cm 진주알 5개

• How To Make •

1　실물 패턴: P.203~ P.205 수록

준비한 원단으로 앞판용 패턴(15 x 25cm)을 재단합니다. 수성펜이나 열펜으로, 원단 중심에 3개의 선을 0.7cm 간격으로 그립니다. (열펜은 다림질하면, 수성펜은 물을 뿌리면 선이 사라집니다.)

2

그려진 선이 겉에서 보이도록, 선 위치에서 3개의 선을 모두 접어줍니다. 각 선에서 0.2cm 위치에 홈질하거나 재봉틀로 박아 한쪽 방향으로 꺾은 후 다림질합니다.

3

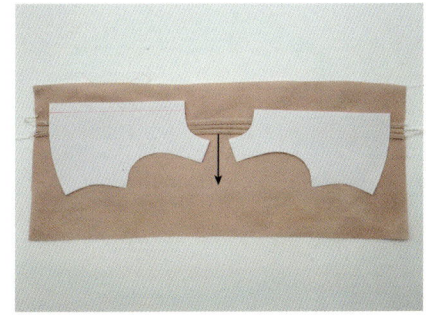

핀턱을 잡은 원단 위에, 핀턱 블라우스의 좌우 앞판 패턴(시접 제외)을 올려서 위치를 확인합니다. 앞판 여밈 부분과 상관없이 좌우 대칭이 되어야 하고, 핀턱은 화살표 방향이 되어야 합니다.

4

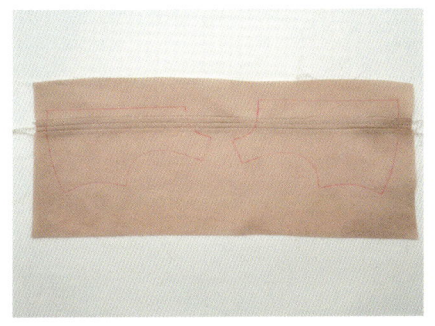

핀턱 잡은 원단을 뒤집어 안쪽 면에 상의 앞판 좌우의 패턴을 올려서 라인을 그립니다. 이때 원단 겉면에서 확인했던 패턴의 위치가 바뀌지 않도록 유의하세요.

5

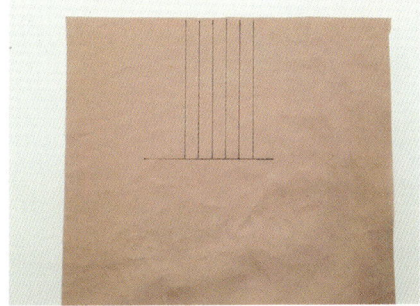

준비한 원단으로 소매용 패턴(21 x 16cm) 2장을 재단합니다. 원단 가운데에 8cm 길이의 세로 선을 0.7cm 간격으로 6개 그립니다.

6

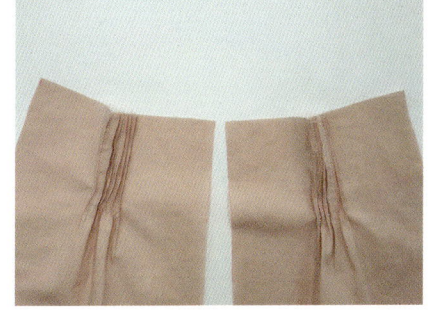

선 위치에서 0.2cm 폭의 핀턱을 잡아서 촘촘한 홈질을 하거나 재봉틀로 박습니다.

7

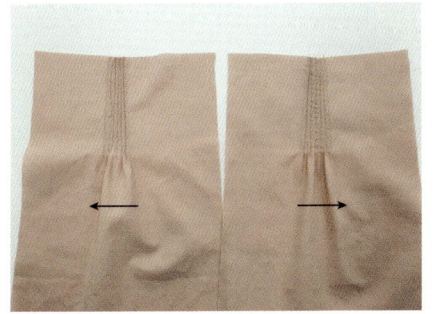

핀턱을 다림질해 한쪽 방향으로 꺾어줍니다. 좌우 소매의 핀턱 방향은 사진의 화살표를 참고하세요.

8

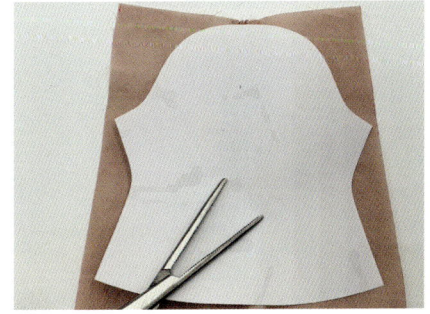

핀턱 잡은 원단 위에 소매 패턴을 올리고, 소매산의 중심에 핀턱이 위치하도록 완성선을 그립니다. 소매산→옆선→밑단의 순서로 그리면 쉽습니다.

9

준비한 원단으로 뒤판 1장, 안단 1장(좌우 방향 유의), 커프스 2장, 칼라를 재단합니다. 칼라의 경우, 겉감은 패턴대로 재단하고 안감은 여유 있게 재단합니다. 이제 모든 패턴이 준비되었습니다.

10

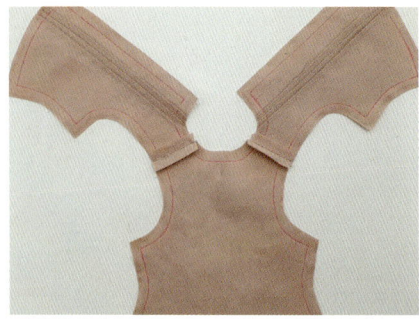

핀턱 블라우스 앞판과 뒤판을 겉끼리 마주대어 어깨선에서 연결한 후, 시접은 가름솔합니다.

11

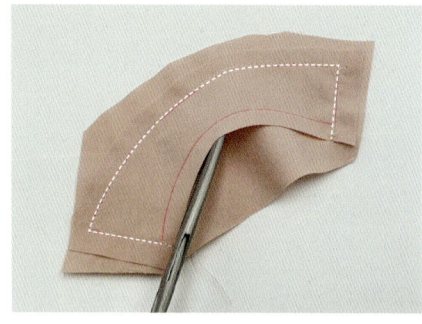

칼라의 겉감과 안감을 겉끼리 마주대어, 목둘레 쪽을 제외하고 완성선에 맞춰 바느질합니다.

12

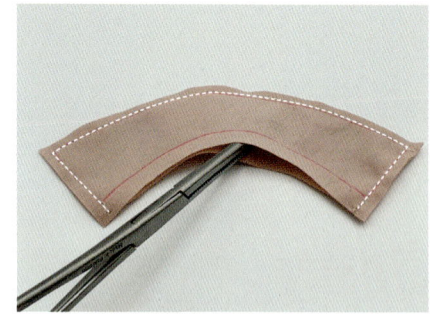

겉감의 시접에 맞춰 안감 시접의 여유분을 잘라냅니다. 시접의 곡선 부분에 가위집을 넣고 각진 부분은 대각선으로 잘라냅니다.

13

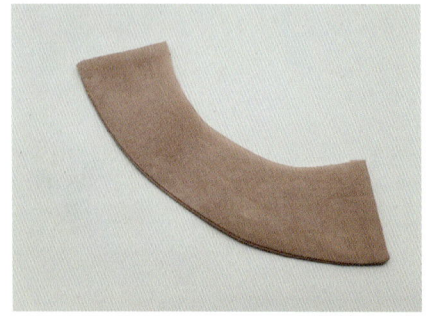

목둘레 쪽을 창구멍 삼아 겉으로 뒤집고, 가장자리 모양을 정돈합니다.

14

목둘레 쪽을 제외하고, 칼라의 가장자리에서 0.2cm 간격을 두고 상침합니다.

15

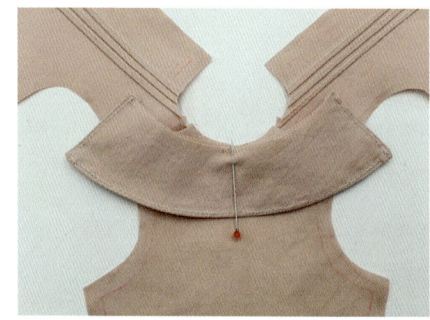

핀턱 블라우스 뒤판의 중심점과 칼라의 중심점을 맞춰 시침핀으로 고정합니다. 사진에서 보이는 쪽은 모두 겉면입니다.

16

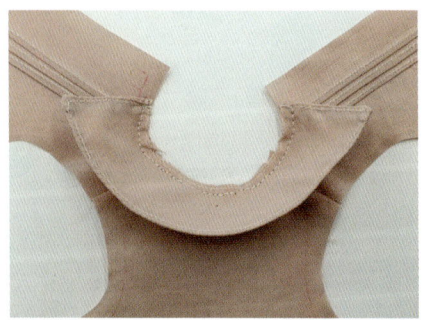

칼라와 핀턱 블라우스(목둘레 연결 부분)를 완성선 밖에서 시침질해 연결합니다.

17

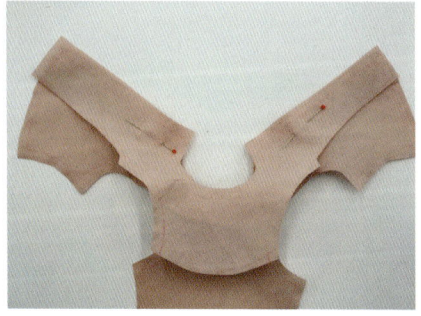

칼라가 부착된 핀턱 블라우스와 안단을 겉끼리 마주대어 잘 겹쳐서, 시침핀으로 고정합니다.

18

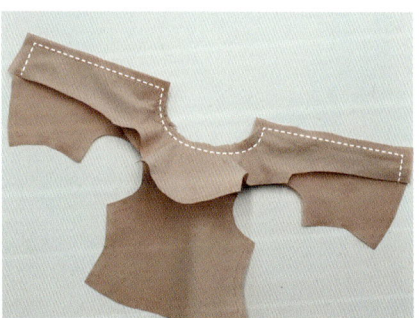

안단의 밑단, 앞여밈, 목둘레를 빙 둘러 바느질해 핀턱 블라우스와 안단을 연결합니다.

19

목둘레 시접에 가위집을 넣고 각진 부분은 대각선으로 잘라냅니다. 겉으로 뒤집어 모양을 정돈한 후 다림질합니다.

20

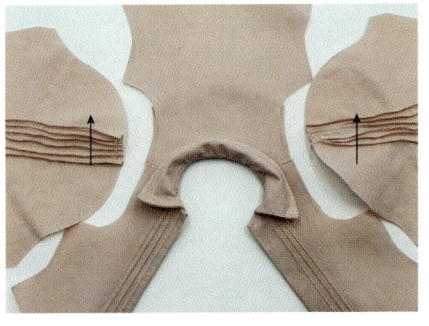

핀턱 블라우스 몸판과 소매를 연결할 차례입니다. 이때 소매의 핀턱은 뒤판 쪽을 향해야 합니다.

21

소매산의 지정된 위치에 살짝 주름홈질해 진동둘레에 맞춰 줄여줍니다. (패턴의 위치 참고) 핀턱 블라우스와 소매를 겉끼리 마주대어 바느질합니다.

22

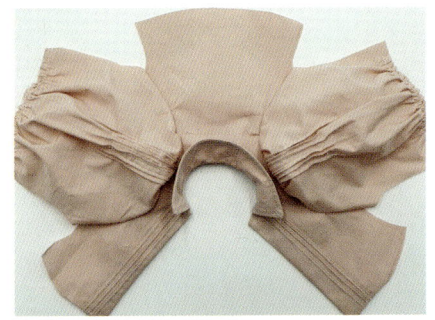

양쪽 소맷단에 주름홈질해, 커프스 길이에 맞춰 줄여줍니다.

23

주름 잡은 소맷단과 커프스의 길이가 같은지 확인하세요.

24

주름 잡은 소맷단과 커프스를 겉끼리 마주대어 바느질합니다.

25

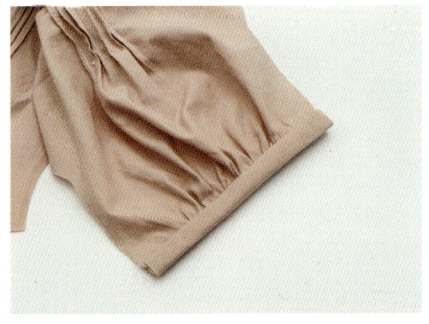

커프스의 다른 쪽 시접을 접은 상태에서, 바이어스 테이프로 감싸듯 안쪽으로 넘겨주세요.

26

안쪽으로 넘긴 커프스 시접은 안쪽에서 공그르기합니다. 또는 겉면 가장자리에서 0.1cm 간격을 두고 재봉틀로 상침해도 좋습니다.

27

핀턱 블라우스를 안으로 뒤집어, 소매 옆선과 허리 옆선을 바느질합니다.

28

시접의 곡선 부분에 가위집을 넣어줍니다.

29

겉으로 뒤집어 모양을 정돈합니다.

30

핀턱 블라우스 밑단 시접을 접어서, 가장자리에서 0.2cm 간격을 두고 상침합니다.

31

패턴을 참고해, 핀턱 블라우스 앞판 오른쪽(사진상)에 단추 위치를 표시합니다. 수성펜이나 열펜을 사용하면 완성 후 쉽게 지워집니다.

32

단추 위치에 지름 0.4cm 진주알을 달아줍니다.

33

핀턱 블라우스 앞판 왼쪽(사진상)에 실고리 위치를 표시합니다. 이때 진주알의 지름을 감안해 표시해주세요.

34

바늘에 두 줄로 실을 뀁니다. 매듭 지은 실을 실고리 시작 위치의 안쪽에서 겉쪽으로 빼내주세요.

35

실이 나온 곳에서 바늘땀을 살짝 뜬 후 바늘을 빼냅니다.

36

바늘을 빼낸 상태에서. 왼손으로 실을 고리 모양으로 감아 잡습니다.

37

왼손의 고리 모양 안으로 바늘을 통과시킵니다. 코바늘의 사슬 뜨기와 같은 원리입니다.

38

왼손에 걸린 실을 잡아당기면 첫 번째 매듭이 만들어집니다. 실을 최대한 끝까지 당기면서 이 동작을 반복합니다.

39

진주알 단추가 빠듯하게 통과할 정도로 실고리를 만든 다음, 겉면의 표시된 위치에서 안쪽 면으로 바늘을 넣습니다.

40

안단 쪽에서 실고리의 한쪽 끝을 고정하되, 실을 자르지 마세요.

41

바늘이 안단 가장자리를 통과해, 겉면의 다음 실고리 위치로 가도록 길게 떠줍니다.

42

겉에서 2번 제자리 감침질을 한 후, 첫 번째 실고리와 같은 방법으로 실고리를 만듭니다.

43

실고리를 모두 만들어 단추를 채운 모습입니다. 이렇게 진주알 단추가 중앙에 위치해 여밈이 되게 하기 위해, 상의 앞판 좌우 모양이 다른 것입니다.

44

에이미의 핀턱 블라우스 완성.

# Amy's Gathered Skirt
### 에이미의 개더스커트

— • materials • —

60수 무지 원단 120 x 20cm, 밑단 장식용 폭 1.5cm 토션레이스 125cm, 스냅단추 1개

• How To Make •

1

치마 120 x 16cm 1장, 허리벨트 17.5 x 3cm 1장을 재단하고, 토션레이스 125cm를 준비합니다.

2

치마 패턴의 밑단 시접을 안쪽으로 0.5cm 접은 후, 다림질 합니다.

3

안쪽으로 접은 밑단 위에 토션레이스를 올려서 바느질합니다. 이렇게 처리하면 시접이 레이스에 가려져 깔끔합니다.

4

레이스가 부착된 치마의 겉면입니다.

5

치마 윗단에 주름홈질해 길이가 16cm가 되도록 줄여줍니다.

6

주름 잡은 치마 윗단과 허리벨트를 완성선에 맞춰 겉끼리 마주댄 후, 시침핀으로 고정합니다.

7

치마 윗단과 허리벨트의 시접 가장자리에서 0.8cm 남기고 바느질합니다.

8

허리벨트를 위로 꺾어 올린 후, 손끝으로 눌러주거나 스팀을 쏘여서 형태를 고정합니다.

9

치마를 안으로 뒤집어, 허리벨트와 치마 모두 양옆 시접을 약 0.8cm 접어 손끝으로 눌러주거나 스팀을 쏘여 형태를 고정합니다.

10

허리벨트의 다른쪽 시접도 약 0.8cm 접어 손끝으로 눌러 주거나 스팀을 쏘여 형태를 고정합니다.

11

허리 벨트로 치마 윗단을 감싸듯 접어줍니다. 사진은 안쪽 면의 모습.

12

치마 허리 패턴의 가장자리에서 0.2cm 간격을 두고 빙 둘러 상침합니다. 손바느질의 경우, 박음질보다는 겹홈질이 좋습니다.

13

치마 옆선을 겉끼리 마주댑니다. 허리벨트를 연결할 때 접어 놓은 양옆 완성선을 따라 뒤중심을 바느질하되, 위에서 약 4cm는 트임으로 남겨둡니다. 시접은 가름솔합니다.

14

허리벨트 양끝에 스냅단추를 달아 여밈을 만듭니다.

15

자연스러운 주름의 느낌을 살리기 위해 분무기로 물을 뿌려 비틀어 짜줍니다.

16

젖은 상태에서 원하는 주름 모양을 잡고 그대로 건조합니다.

17

에이미의 개더스커트 완성.

# Amy's Apron & Sleeves
## 에이미의 작업용 에이프런 & 토시

· materials ·

**에이프런:** 자수 원단 110 x 20cm, 밑단 장식용 및 어깨 프릴용 폭 1.5cm 토션레이스 100cm, 허리끈용 라셀레이스 100cm, 단추용 지름 0.5cm 진주알 2개   **토시:** 에이프런과 같은 자수 원단 13 X 16cm, 폭 0.2cm 고무줄 30cm, 에이프런과 같은 라셀레이스 25cm, 지름 0.4cm 진주알 2개

• How To Make •

1  실물 패턴: P.205 수록

상의 앞판, 상의 뒤판(좌우 대칭) 패턴을 겉감과 안감 각각 한 세트씩 재단합니다. 치마 앞자락 28 x 13.5cm 1장, 뒷자락 15 x 13.5cm 2장을 재단합니다.

2

에이프런 상의의 앞판과 뒤판을 겉끼리 마주대어 어깨선에서 연결하고, 시접은 가름솔합니다. 겉감, 안감 모두 해주세요.

3

어깨 프릴용 토션레이스를 18cm 길이로 2개 준비합니다.

4

토션레이스의 양끝을 사진처럼 대각선으로 잘라냅니다.

5

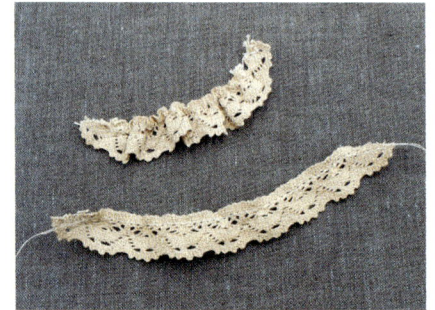

레이스 윗단과 옆선에 주름홈질해, 8cm가 되도록 줄여줍니다. 주름을 균일하게 정돈한 후, 스팀을 쏘여줍니다.

6

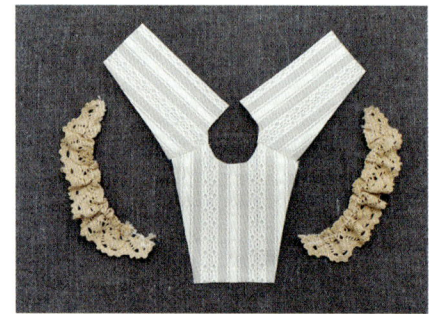

주름 잡은 레이스를 상의 겉감과 연결할 차례입니다.

7

상의 겉감과 어깨 프릴을 겉끼리 마주댑니다. 이때 프릴은 앞판과 뒤판의 중앙에 위치해야 합니다. 이 상태에서 완성선 밖에 시침질합니다.

8

어깨 프릴을 부착한 상의 겉감과 재단해둔 상의 안감을 겉끼리 마주댑니다.

9

상의 뒤여밈 선과 목둘레를 빙 둘러 바느질합니다. 이때 어깨 프릴이 함께 재봉되지 않도록 주의하세요.

10

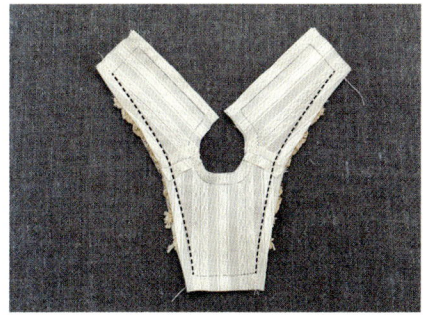

어깨 프릴의 모양을 정돈한 후, 겉감과 안감의 옆선을 바느질합니다. 이 과정에서 어깨 프릴도 자연스럽게 고정됩니다.

11

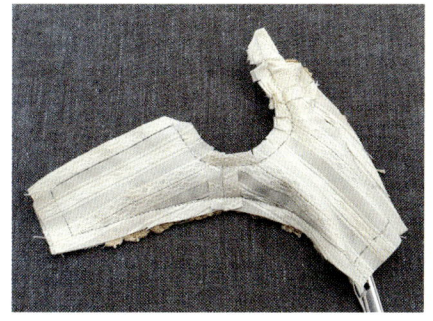

뒤판 밑단을 창구멍 삼아 겉으로 뒤집어줍니다. 손에 물을 살짝 묻혀 한쪽 어깨부터 천천히 통과시키는 것이 요령입니다.

12

겉으로 뒤집은 모습. 다림질하면 어깨 프릴이 납작하게 눌리게 되므로, 스팀을 쏘인 후 손으로 정돈해주세요.

13

앞판과 뒤판의 밑단 시접을 안쪽으로 접어 넣고 다림질합니다.

14

치마 뒷자락의 한쪽 옆선 시접만(사진처럼 대칭이 되도록) 0.3cm씩 2번 말아 접어 상침합니다. 치마 앞자락은 양옆 시접을 0.3cm씩 2번 말아 접어 상침합니다.

15

치마 앞자락의 밑단을 0.3cm 접고 다시 0.7cm 접어 상침합니다. 치마 윗단은 위에서 0.5cm 아래에 주름홈질해, 상의 앞판에 맞춰 줄여주세요. 주름을 정돈해 스팀을 쏘입니다.

16

치마 뒷자락의 바느질하지 않은 시접은 각각 0.8cm씩 안으로 접어 다림질합니다.

17

치마 뒷자락의 윗단 시접에 각각 주름홈질해, 상의 뒤판 밑단에 맞춰 줄여주세요. 주름을 정돈하고 스팀을 쏘입니다.

18

상의 밑단 안으로 치마 윗단을 넣고, 완성선에 맞춰 시침핀으로 고정합니다. 이때 치마 뒷자락 중 단처리된 옆선이 양옆 바깥쪽을 향해야 합니다.

**19**

이 상태에서 상의 가장자리를 빙 둘러 상침하면, 치마와 상의가 모두 연결됩니다.

**20**

미리 접어 둔 치마 뒷자락 옆선 시접을 겉끼리 마주대어, 위에서 5cm 남기고 바느질하고 시접은 가름솔합니다. 이렇게 트임 부분을 남겨야 착탈이 용이합니다.

**21**

치마 뒷자락의 밑단을 0.3cm 접고 다시 0.7cm 접어 상침합니다.

**22**

에이프런의 기본 형태가 만들어졌습니다.

**23**

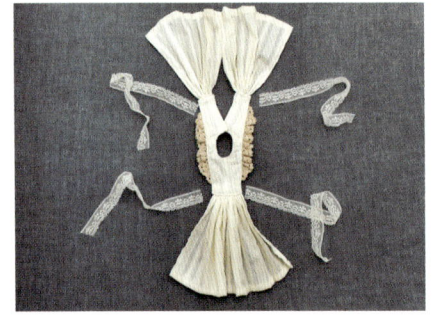

허리끈용 라셀레이스를 22~25cm 길이로 4개 잘라서, 상의 앞판과 뒤판에 연결할 차례입니다.

**24**

라셀레이스의 끝부분을 3겹이 되도록 겹쳐 접어, 상의 앞판과 뒤판 양옆에 바느질로 단단히 고정합니다. 라셀레이스는 얇고 부드러우므로 조심히 다뤄야 합니다.

**25**

오른쪽(사진상) 뒤판 위아래에 진주알을 달아주고, 왼쪽에 실고리를 만듭니다. (실고리 만드는 법은 에이미의 핀턱 블라우스 참고)

**26**

에이미의 작업용 에이프런 완성.

• How To Make •

1

토시용 직사각형 패턴을 12 x 7.5cm 크기로 2장 재단해 각각 위아래 시접을 0.7cm씩 접어서 다림질합니다.

2

위아래 단의 가장자리에서 0.4~0.5cm 여유를 두고 바느질해, 고무줄이 통과할 공간을 만듭니다.

3

굵은 바늘에 폭 0.2cm 고무줄을 꿰어 바느질한 공간에 통과시킵니다. 가는 고무줄의 경우, 다른 도구보다 굵은 바늘이 편합니다.

4

고무줄을 통과시킨 후, 바늘이 들어간 부분의 고무줄이 빠지지 않도록 바늘땀으로 고정합니다.

5

고무줄을 당겨서 7cm에 맞춘 후, 바늘땀으로 끝을 고정하고 여분의 고무줄은 잘라냅니다.

6

같은 방법으로, 좌우 토시의 위아래에 고무줄을 넣어줍니다.

7

고무줄이 끼워진 토시를 겉끼리 마주대어 반 접어줍니다. 가장자리 시접 0.5cm를 남기고 바느질해 원통형으로 만듭니다.

8

겉으로 뒤집고, 토시를 장식할 라셀레이스와 진주알을 준비합니다.

9

라셀레이스로 나비리본을 만들어, 진주알과 함께 토시 윗단에 달아주면 에이미의 작업용 토시 완성.

# Little Tasha & Melanie

리틀 타샤와 멜라니

# Little Tasha's Inner Skirt & Daily Dress

리틀 타샤의 이너 스커트 & 데일리 드레스

· materials ·

**이너 스커트:** 30수 나염 코튼 110 x 20cm, 고무줄 약 25cm, **데일리 드레스:** 60수 나염 코튼 110 x 27cm, 스냅단추 2개

• How To Make •

1

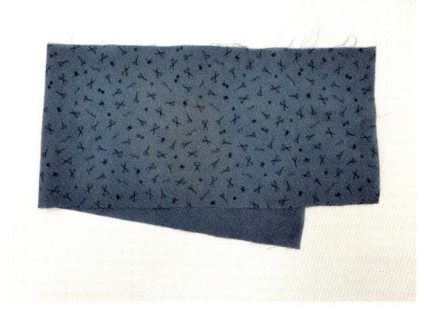

원단을 75 x 20cm 크기로 재단하고 다림질합니다. (남은 원단은 데일리 드레스의 상의 안감으로 사용)

2

원단을 겉면끼리 마주대어 반으로 접은 후, 옆선을 촘촘하게 바느질합니다.

3

옆선의 시접은 가름솔하고 다림질합니다.

4

밑단 시접은 0.3cm씩 2번 말아 접어서 고운 홈질로 단처리를 합니다.

5

윗단 시접을 약 1cm 접어서 고무줄이 들어갈 공간을 남기고 홈질합니다.

6

고무줄을 넣어서 당겨준 후 고정합니다.

7

치마에 물을 뿌려서 꼭 짜준 후 탈탈 털어서 건조합니다.

8

리틀 타샤의 이너 스커트 완성.

• How To Make •

1 실물 패턴: P.206 수록

치마 패턴 80 x 17.5cm 1장, 상의 뒤판 대칭으로 1쌍, 상의 앞판 1장, 소매 2장을 재단합니다. (이너 스커트를 만들고 남은 원단을 상의 안감으로 사용)

2

상의 겉감 앞판과 뒤판을 어깨선에서 바느질로 연결하고 시접은 가름솔합니다.

3

상의 안감용 원단과 상의 겉감을 겉끼리 마주대어, 뒤여밈과 목둘레를 홈질합니다.

4

바느질한 부분은 시접 약 0.5cm를 남기고 여분을 잘라낸 후, 시접의 곡선이나 각진 부분에 가위집을 넣어줍니다.

5

겉으로 뒤집어 다림질한 후, 상의 안감의 여분을 잘라냅니다. 재봉되지 않은 부분은 감침질하거나 재봉틀로 지그재그 스티치를 해줍니다.

6

소매 밑단의 시접을 안으로 접어서 고무줄이 통과할 공간을 남기고 촘촘한 홈질을 합니다.

7

소매 밑단에 고무줄을 통과시키고 양끝을 바느질해 고무줄을 고정합니다.

8

상의와 소매를 연결할 차례입니다.

9

소매산에 주름홈질해 상의 진동둘레의 길이에 맞춰 줄여줍니다. 상의와 소매를 겉끼리 마주대어 바느질로 연결합니다.

10

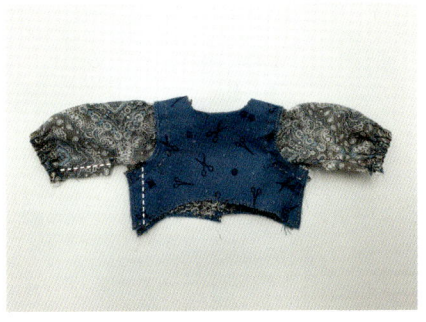

안으로 뒤집어 소매 옆선과 허리 옆선을 바느질하고, 겨드랑이 부분에 가위집을 넣어줍니다. 허리 옆선 시접은 가름솔합니다.

11

재단해놓은 치마 패턴의 양옆 시접을 약 1cm씩 안으로 접고, 허리 라인에 주름홈질해 상의 허리둘레에 맞춰 줄여줍니다.

12

상의와 치마를 겉끼리 마주대어 허리 부분을 시침핀으로 고정합니다.

13

치마와 상의를 바느질하고 시접은 상의 쪽으로 접어줍니다. 솔기에서 약 0.2cm 떨어진 라인에 홈질 또는 박음질로 상침합니다.

14

치마의 양끝을 겉끼리 마주대어 홈질합니다. 이때 허리 라인에서 약 2cm는 재봉하지 않고 남겨두고, 시접은 가름솔합니다.

15

치마 밑단 시접을 0.3cm씩 2번 말아 접어서 고운 홈질로 단처리 합니다.

16

뒤여밈 위아래에 스냅단추 1쌍씩을 달아서 여밈을 만듭니다. (패턴의 위치 참고)

17

완성된 치마에 물을 뿌려서 꼭 짜준 후 탈탈 털어서 건조합니다.

18

리틀 타샤의 데일리 드레스 완성.

## Little Tasha's Apron & Scarf
리틀 타샤의 린넨 에이프런 & 광목 스카프

──────── • materials • ────────

**에이프런:** 30수 린넨 무지 55 x 30cm  **스카프:** 80수 자수 광목 20 x 20cm

• How To Make •

1  실물 패턴: P.206 수록

에이프런 끈용 55 x 4cm 2장, 에이프런 치마용 25 x 21cm, 에이프런 앞판용 겉감 1장과 안감 1장을 재단합니다.

2

치마 패턴의 양옆과 밑단 시접을 0.3cm씩 2번 말아 접어서, 고운 홈질로 단처리 합니다.

3

치마 윗단을 주름홈질해 에어프런 앞판의 시접을 제외한 밑단 길이에 맞춰 줄여줍니다.

4

치마 윗단과 앞판 겉감을 겉끼리 마주대어 시침핀으로 고정한 후, 앞판의 양옆 시접 여유를 두고 바느질로 연결합니다.

5

에이프런 치마와 앞판이 연결된 모습입니다.

6

에이프런 끈 2장은 각각 폭을 반으로 접어줍니다. 시접 약 0.7cm를 남기고 바느질하되, 한쪽 끝은 바느질로 막아줍니다.

7

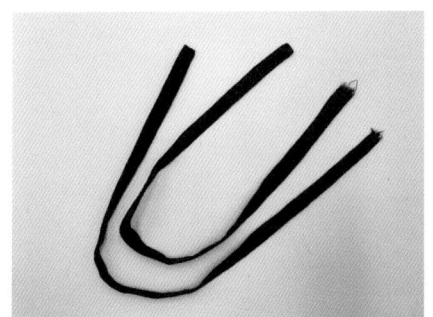

도구를 이용해 끈은 뒤집은 후. 다림질로 모양을 정돈합니다.

8

에이프런 앞판 겉면 위에 에이프런 끈의 창구멍이 위치하게 합니다. 이때 끈의 옆선 시접이 바깥을 향해야 합니다. (패턴의 위치 참고)

9

에이프런 끈이 놓인 앞판 겉감과 안감을 겉끼리 마주대어 시침핀으로 고정합니다.

10

에이프런 앞판의 양옆과 윗단을 바느질해서. 안감과 끈을 고정합니다. 바느질하기 전에 안감의 밑단 시접을 미리 접어두세요.

11

에이프런 앞판을 겉으로 뒤집으면 자연스럽게 끈이 연결됩니다.

12

앞판의 안감 밑단 시접을 공그르기하거나 상침합니다.

13

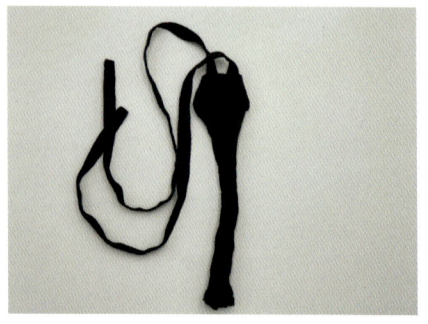

에이프런 치마에 물을 뿌려서 꼭 짜준 후 탈탈 털어서 건조합니다.

14

리틀 타샤의 린넨 에이프런 완성. 완성된 에이프런의 어깨 끈을 등 뒤로 넘겨 X자로 교차한 다음 허리에 둘러 묶어주면 됩니다.

1    실물 패턴: P.207 수록

스카프 패턴을 참고해. 사진과 같이 바이어스 방향으로 골선 재단 후 겉끼리 마주 닿도록 반 접어줍니다.

2

한쪽 옆에 창구멍을 남기고 재봉하고, 겉으로 뒤집어 곡선 부분에 고운 홈질하거나 재봉틀로 상침합니다.

3

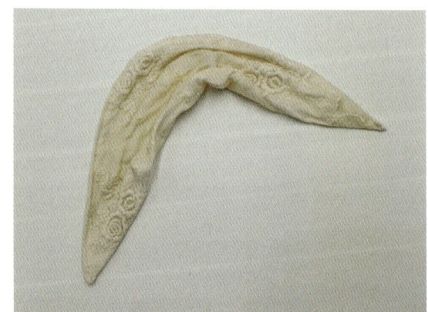

물을 뿌려서 자연스러운 구김을 만들어주면 리틀 타샤의 광목 스카프 완성.

# Little Tasha's Daily Bonnet
### 리틀 타샤의 데일리 보닛

― • materials • ―

50수 코튼 자카드 35 x 50cm

• How To Make •

1  실물 패턴: P.206~ P.207 수록

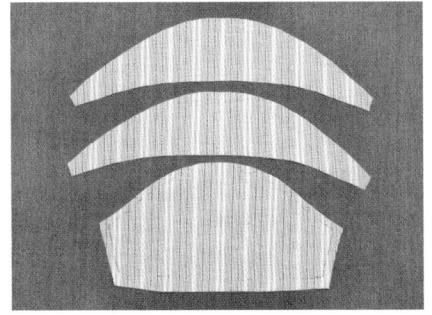

데일리보닛의 챙 겉감과 안감 각 1장, 캡 1장을 시접 여유를 두고 재단합니다.

2

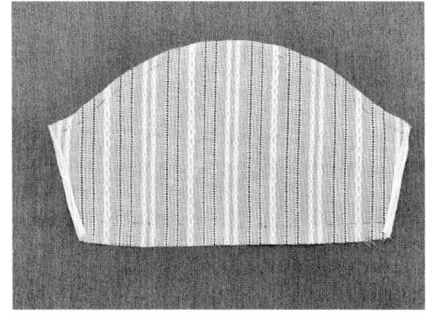

데일리 보닛의 캡 패턴 양옆 시접을 약 0.3cm씩 2번 말아 접어, 고운 홈질로 단처리 합니다.

3

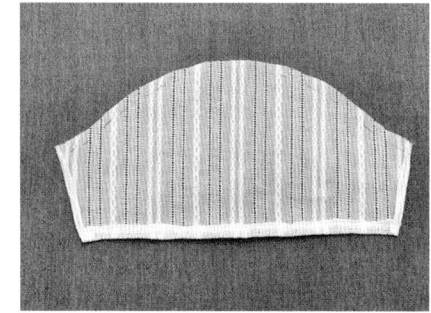

데일리보닛의 캡 밑단 시접을 0.3cm 접고 다시 0.8cm 접어 고운 홈질로 단처리 합니다. 이 과정에서 고무줄이 통과할 공간이 만들어집니다.

4

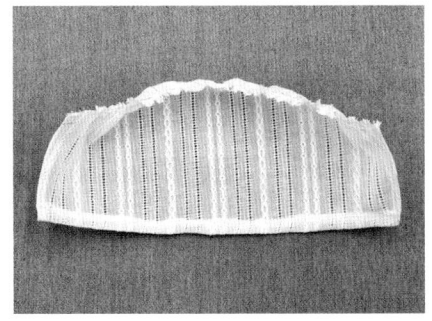

데일리보닛의 캡 윗단에 주름홈질해 챙과 연결될 부위에 맞춰 줄여줍니다.

5

데일리 보닛의 캡 윗단과 챙 겉감을 겉끼리 마주대어 시침핀으로 고정합니다. (패턴의 위치 참고)

6

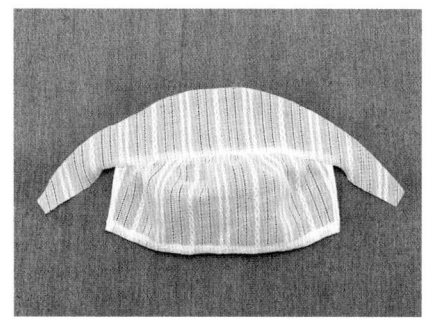

데일리보닛의 캡과 챙을 바느질로 연결하고, 시접은 챙 쪽으로 접어줍니다.

7

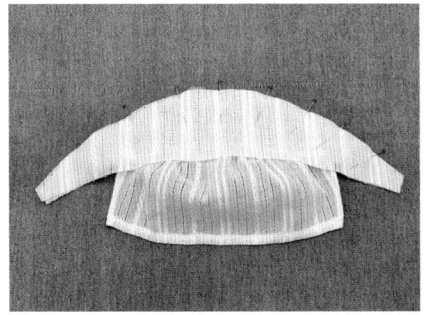

챙의 겉감과 안감을 겉끼리 마주대어 시침핀으로 고정합니다.

8

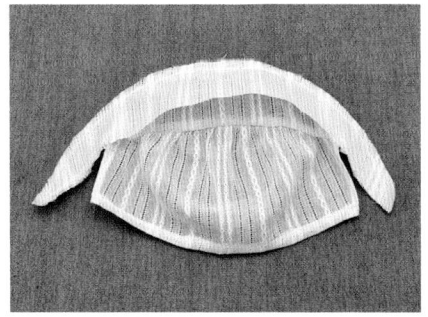

챙의 겉감과 안감 윗단을 바느질합니다. 이때 캡과 연결할 밑단은 바느질하지 않습니다.

9

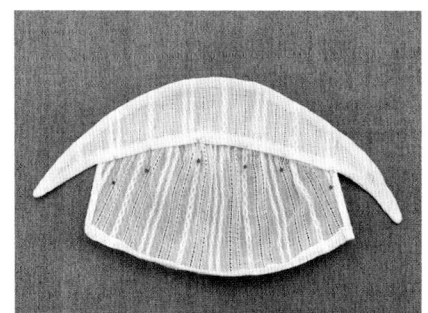

챙을 겉으로 뒤집은 후, 안감의 밑단 시접을 안으로 접어 넣고 시침핀으로 고정합니다.

10

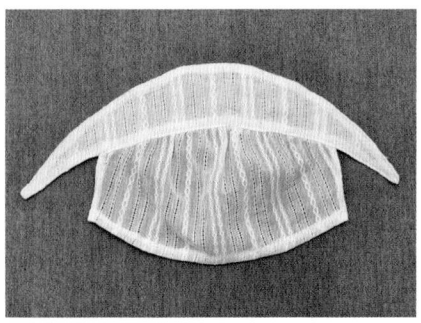

챙의 밑단을 빙 둘러 상침합니다. 이 과정에서 안감이 고정됩니다.

11

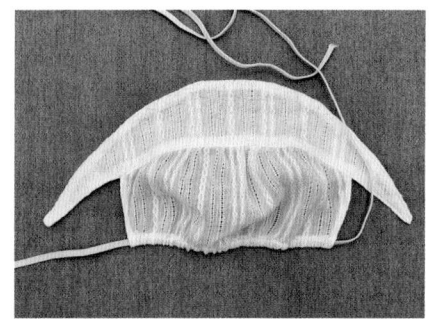

캡 밑단에 고무줄을 통과시킵니다.

12

고무줄 한쪽 끝을 바느질로 고정한 후, 다른 쪽을 바짝 당겨서 고정해주세요.

13

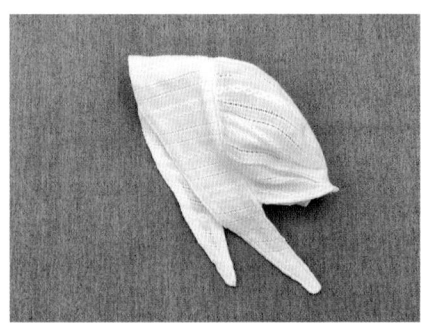

리틀 타샤의 데일리 보닛 완성.

# Melanie's Cage Crinoline
## 멜라니의 케이지 크리놀린

· materials ·

폭 0.8cm 뷔스티에 와이어 430cm, 얇은 광목 140 x 30cm, 스냅단추 1개

• How To Make •

1

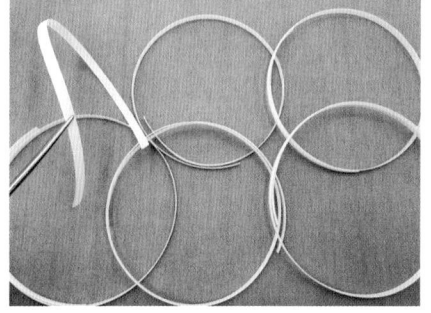

뷔스티에 와이어를 40cm, 62cm, 75cm, 78cm, 84cm(2개) 길이로 잘라서 준비합니다. 총 6개의 와이어가 준비되었습니다.

2

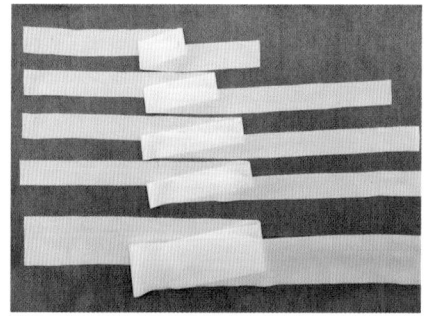

얇은 광목으로 뷔스티에 와이어를 감쌀 외피를 5장 재단합니다. 39 x 3cm, 61 x 3cm, 74 x 3cm, 77 x 3cm, 83 x 6.5cm로 각각 재단해주세요.

3

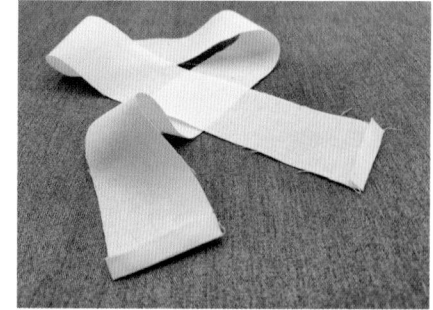

가장 짧은 39cm 외피 패턴의 양끝 시접을 안으로 1cm씩 접어서 다림질합니다.

4

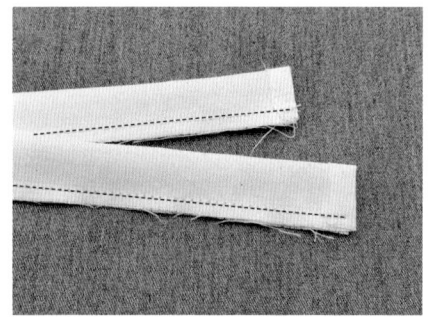

39cm 패턴을 겉끼리 마주대어 가로로 반 접어줍니다. 가장자리에서 0.4~0.5cm 여유를 두고 바느질합니다.

5

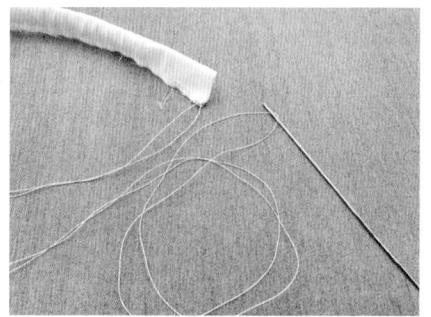

굵고 긴 바늘에 60~70cm 정도의 실을 두 줄로 꿰ㅂ니다. 39cm 패턴의 한쪽 끝에서 바늘땀을 떠서, 한두 번 제자리 감침질을 합니다.

6

바늘귀 쪽을 먼저 패턴 안으로 넣어 통과시킵니다.

7

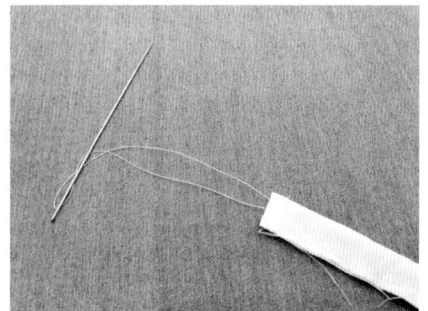

반대편으로 바늘을 빼냅니다.

8

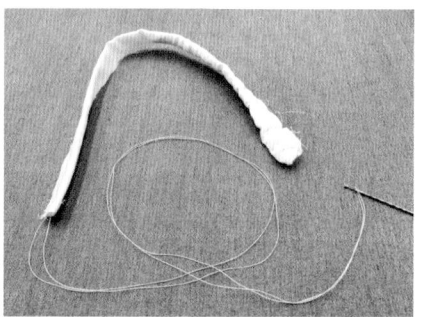

뾰족한 도구나 겸자를 이용해, 바늘땀을 떴던 끝부분을 통로 안으로 살짝 밀어넣습니다. 이 상태에서 실을 살살 당겨서 겉으로 뒤집습니다.

9

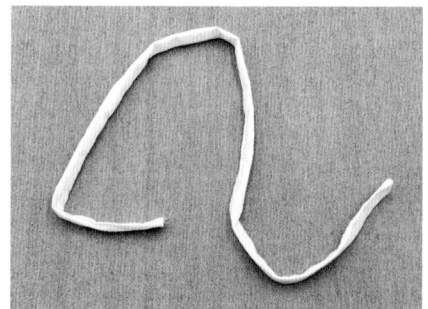

완전히 뒤집은 후, 양끝 시접이 안으로 잘 접혀 있도록 정돈합니다.

10

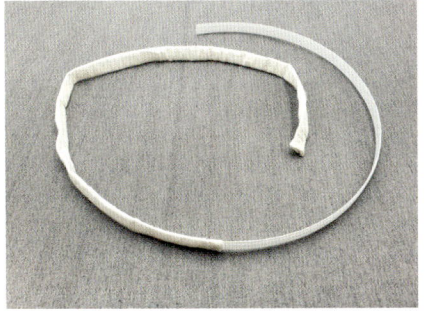

원통형으로 만들어진 39cm 패턴 속으로 40cm 뷔스티에 와이어를 조심스럽게 집어넣습니다.

11

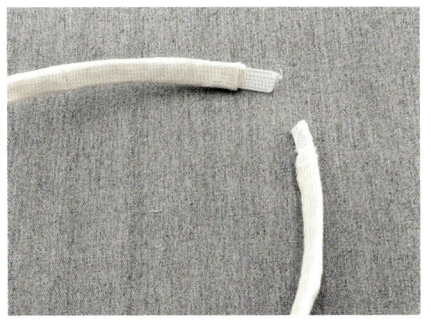

뷔스티에 와이어의 양끝이 패턴 밖으로 노출되게 해주세요.

12

노출된 뷔스티에 와이어의 양끝을 반대편 통로 안으로 넣어줍니다. 와이어의 끝은 약 3cm 겹쳐지게 됩니다.

13

뷔스티에 와이어를 감싼 패턴의 양끝을 공그르기나 감침질로 마무리합니다.

14

첫 번째 원형틀이 완성되었습니다.

15

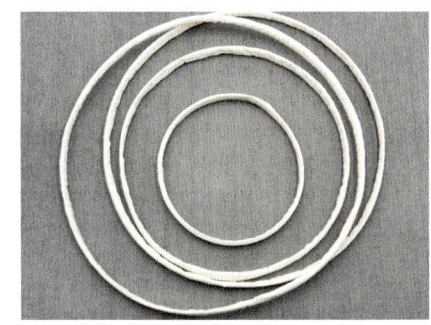

남은 뷔스티에 와이어(62cm, 75cm, 78cm)와 남은 광목 패턴(61cm, 74cm, 77cm)도 같은 방법으로 만들어서 총 4개의 원형틀을 만들어 놓습니다.

16

83 x 6.5cm 패턴의 양끝 시접을 1cm씩 접고 위아래 시접도 0.4cm씩 접어 다림질합니다.

17

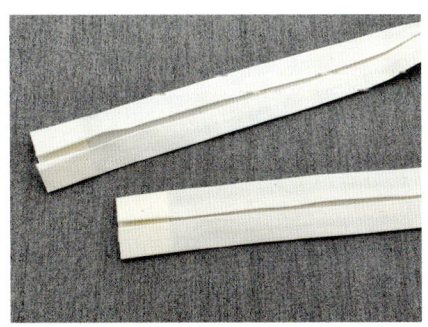

이 상태에서, 다시 위아래 단을 1.2cm 폭으로 접어 다림질합니다.

18

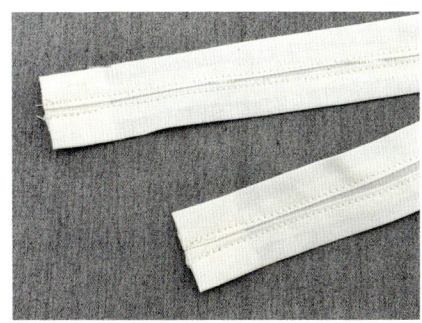

뷔스티에 와이어가 통과할 수 있도록(폭 1cm가 되도록) 위아래에 상침합니다. 시접 여유가 거의 없으므로 조심해서 바느질해야 합니다.

19

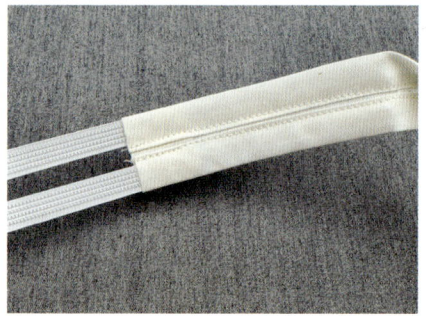

84cm 뷔스티에 와이어 2개를 동시에 패턴 안으로 넣어줍니다. 와이어의 휘는 방향에 유의해서, 접은 시접이 원형틀의 안쪽에 위치하도록 넣어주세요.

20

뷔스티에 와이어의 양끝이 패턴 밖으로 노출되게 해야 합니다.

21

노출된 와이어의 양끝을 반대쪽 입구로 넣어주세요. 약 3cm 겹쳐지는 것이 적당합니다. 양끝 입구는 감침질이나 공그르기로 마무리합니다.

22

준비한 광목 원단으로 140 x 3cm 끈 패턴을 재단합니다.

23

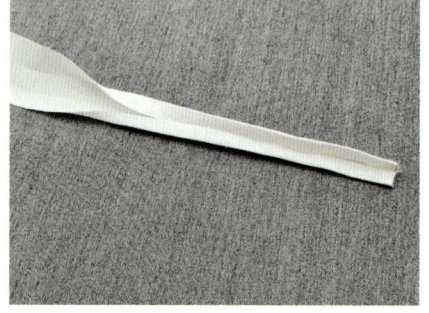

위아래 시접을 0.7cm씩 접은 상태에서 다시 가로로 반 접어 다림질합니다.

24

가장자리에서 0.1cm 여유를 두고 위아래 가장자리에 상침합니다.

25

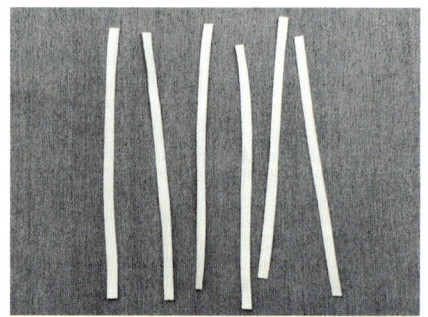

이렇게 만들어진 끈을 23cm 길이 6개로 나눕니다. 케이지 크리놀린의 옆끈이 준비되었습니다.

26

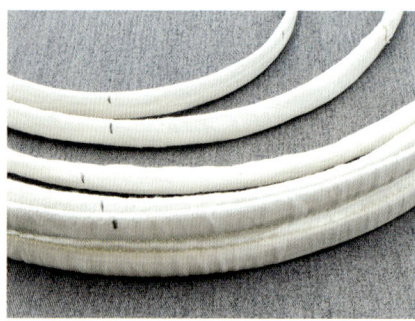

만들어놓은 5개의 원형틀 각각을 6등분해, 6등분 지점을 열펜이나 수성펜으로 표시해주세요. 원형틀의 양끝 연결 부분에서 시작하면 편합니다.

27

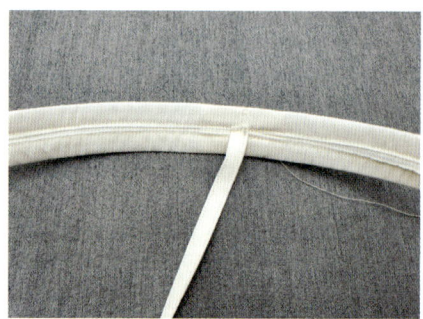

가장 큰 원형틀의 안쪽, 펜으로 표시된 6등분 지점에 옆끈을 붙여줍니다. 옆끈 시접 0.3cm를 남기고 사진의 방향처럼 고정합니다. 홈질과 박음질 모두 괜찮습니다.

28

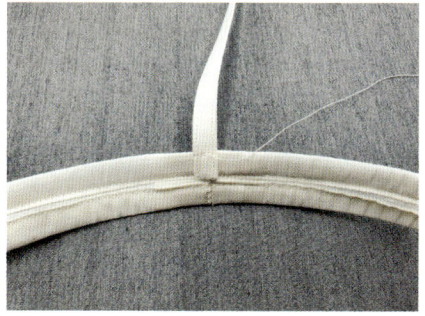

고정된 옆끈을 위로 꺾어 올려, 원형틀 윗단 가장자리에 다시 한 번 고정합니다.

29

표시된 6등분 위치 모두 같은 방법으로 옆끈을 고정합니다.

30

이렇게 옆끈을 아래 방향에서 한 번, 위 방향에서 한 번 고정하면 깔끔하게 마무리됩니다.

31

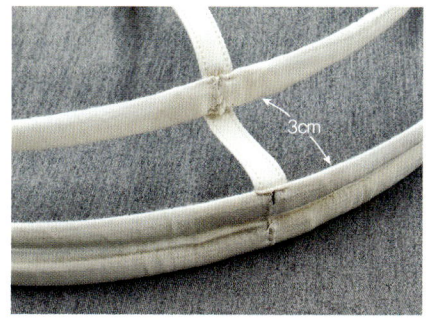

가장 큰 원형틀과 3cm 간격이 되도록, 두 번째 큰 원형틀과 옆끈을 연결합니다(홈질이나 박음질). 이때 모든 원형틀의 양끝 연결 부분이 일직선상에 위치하도록 해주세요.

32

두번째 원형틀이 고정되었습니다.

33

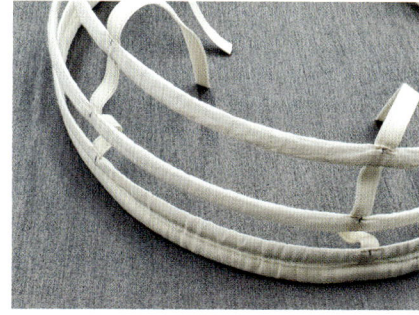

두 번째 원형틀과 2cm 간격이 되도록, 세 번째 원형틀을 옆끈과 연결합니다.

34

세 번째 원형틀과 3cm 간격이 되도록, 네 번째 원형틀을 옆끈과 연결합니다.

35

네 번째 원형틀과 3.5cm 간격이 되도록, 마지막 원형틀을 옆끈과 연결합니다.

36

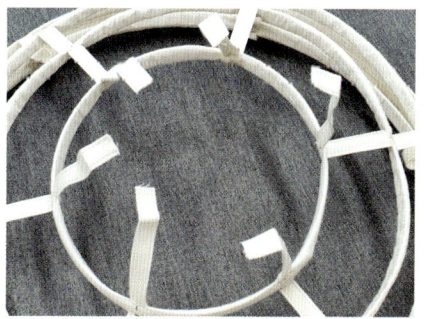

모든 옆끈의 끝단 1.2cm를 안쪽으로 꺾어 다림질합니다. 나중에 허리벨트가 통과할 부분입니다.

37

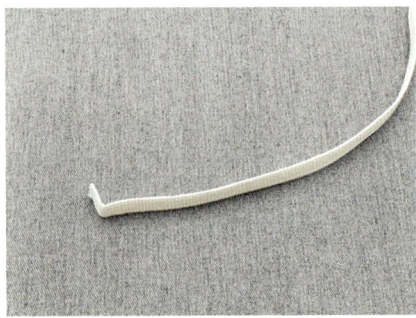

준비한 원단으로 허리벨트용 패턴(17 x 3cm)을 재단합니다. 옆끈과 동일한 방법으로 시접 처리하고 상침합니다. 양 옆을 1.2cm씩 접어 다림질합니다.

38

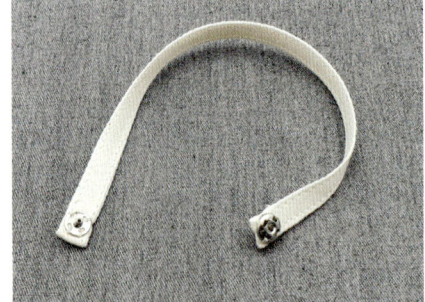

허리벨트의 양끝 접힌 부분에 스냅단추를 달아줍니다. 이때 겉과 안을 잘 구분해서 오목과 볼록 단추를 달아야 합니다.

39

안쪽으로 접어둔 옆끈들은 접힌 부분에서 1cm 위치에 바느질해 고리 모양을 만듭니다. 여기에 만들어 놓은 허리벨트를 통과시킵니다.

40

멜라니의 케이지 크리놀린 완성.

# Melanie's Inner Skirt

멜라니의 이너 스커트

· materials ·

얇은 광목 140 x 32cm, 폭 0.4cm 고무줄 25cm

• How To Make •

1
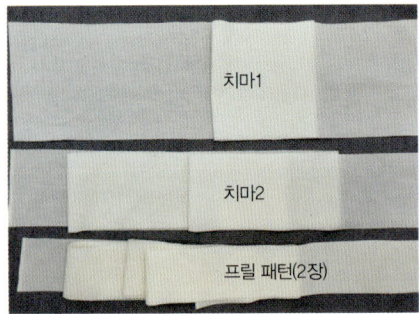
준비한 원단으로 치마1(80 x 14cm) 1장, 치마2(140 x 9cm) 1장, 프릴 패턴(140 x 6cm) 2장을 재단합니다.

2

프릴 패턴 2장을 길이로 연결하고 시접은 가름솔합니다. 밑단은 0.3cm씩 2번 말아 접어 고운 홈질 또는 재봉틀로 상침합니다.

3

프릴 패턴 윗단에 주름홈질해 140cm가 되도록 줄여줍니다. 주름이 균일하도록 정돈한 후, 주름 잡힌 시접 부분만 살짝 다림질합니다.

4
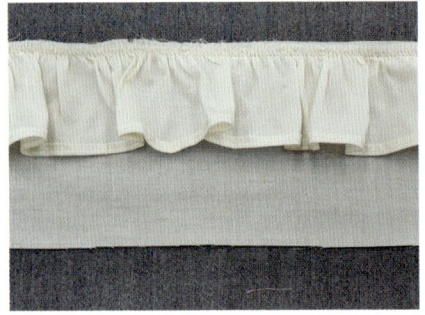
재단해 놓은 치마2와 프릴을 겉끼리 마주대어, 윗단을 바느질합니다.

5

시접은 치마2 쪽으로 접고, 솔기에서 0.2cm 위치에 고운 홈질 또는 재봉틀로 상침합니다.

6

치마2의 윗단에 주름홈질해 80cm가 되도록 줄여줍니다. 주름이 균일하도록 정돈하고, 주름 잡힌 시접 부분만 살짝 다림질합니다.

7
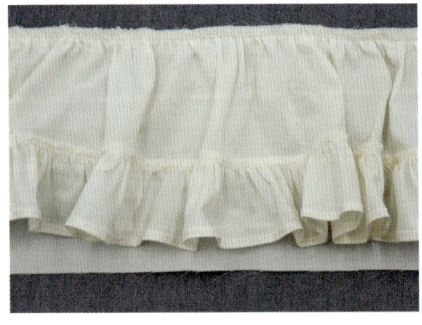
프릴이 부착된 치마2와 치마1을 겉끼리 마주대어, 윗단을 바느질합니다.

8

시접은 치마1 쪽으로 접고, 솔기에서 0.2cm 위치에 고운 홈질 또는 재봉틀로 상침합니다.

9

치마의 옆선을 겉끼리 마주대어 바느질하고, 시접은 가름솔합니다.

10

치마 윗단 시접을 0.4cm 접고 다시 0.8cm 접어 바느질해 고무줄의 통로를 만듭니다. 이때 고무줄을 넣을 공간 약 0.8cm는 바느질하지 않습니다.

11

고무줄 끼우개를 사용해, 허리둘레에 고무줄을 통과시킵니다.

12

허리둘레가 약 14cm 되도록 고무줄을 당긴 후, 고무줄의 양끝을 겹쳐서 허리둘레 부분에 단단히 고정합니다.

13

멜라니의 이너 스커트 완성.

## Melanie's Crinoline Skirt
### 멜라니의 크리놀린 스커트

• materials •

무늬 원단 110 x 45cm, 폭 7cm 스캘럽자수 프릴레이스 120cm, 폭 4cm 케미컬 프릴레이스 160cm, 폭 1.5cm 장식용 주름레이스 280cm, 후크 1쌍

• How To Make •

1

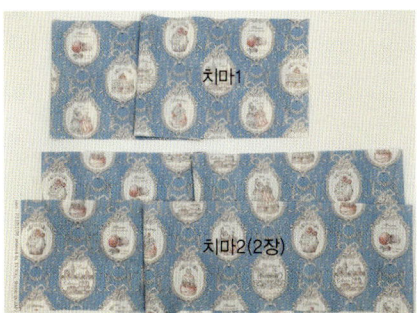

준비한 원단으로 치마1(110 x 16cm) 1장, 치마2(110 x 14cm) 2장을 재단합니다.

2

치마2 패턴 중 1장만 가로폭을 반으로 재단해 2등분합니다. 치마2 패턴 양옆에 2등분한 패턴을 각각 놓고, 길게 연결할 준비를 합니다.

3

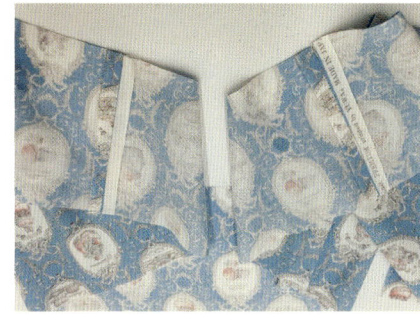

치마2와 2등분한 패턴을 겉끼리 마주대어 양쪽 옆선을 바느질하고, 시접은 가름솔입니다.

4

길게 연결된 치마2의 밑단을 0.3cm 접고 다시 1.2cm 접어줍니다. 밑단 가장자리에서 1cm 위치에 고운 홈질 또는 재봉틀로 상침합니다.

5

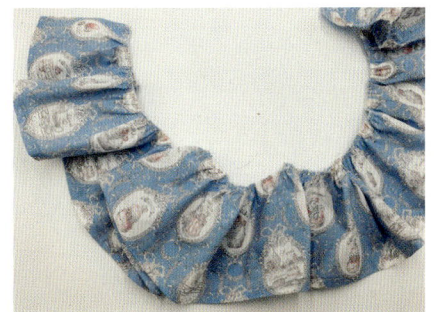

치마2의 윗단에 주름홈질해 110cm가 되도록 줄여줍니다. 주름이 균일하도록 정돈한 후, 주름의 시접 부분만 살짝 다림질합니다.

6

치마2의 윗단에 폭 7cm의 스캘럽자수 프릴레이스 윗단을 겹쳐서 바느질합니다. 사진에서 보이는 부분은 모두 겉면입니다.

7

프릴레이스를 연결한 치마2와 치마1을 겉끼리 마주대어 바느질합니다.

8

치마1과 치마2가 연결된 솔기 위에 폭 1.5cm의 주름레이스를 올려 바느질합니다.

9

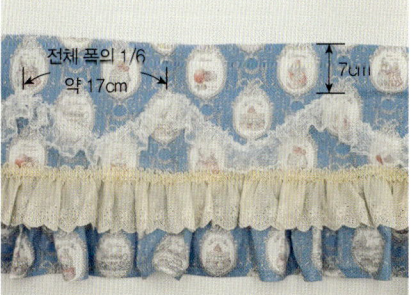

윗단에서 7cm 간격을 두고, 치마 폭을 6등분해 케미컬레이스를 물결 모양으로 배치하고 시침핀으로 고정합니다.

10

케미컬레이스 윗단에 주름레이스를 올려서 바느질합니다. 이 과정에서 치마와 케미컬레이스도 함께 고정됩니다.

11

허리벨트 패턴을 17.5 x 4.5cm로 재단합니다. 치마 윗단에 주름홈질해 허리벨트 길이에 맞춰 줄여줍니다. 주름을 정돈해, 시접 부분만 살짝 다림질합니다

12

치마와 허리벨트를 겉끼리 마주대어, 시접을 0.7cm 남기고 바느질합니다.

13

허리벨트 패턴의 남은 쪽 시접도 0.7cm 접어서 다림질합니다.

14

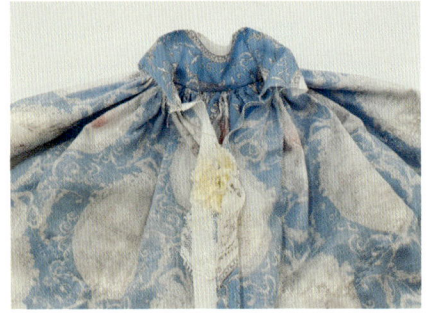

치마 옆선을 겉끼리 마주대어 시접 1.3cm를 남기고 바느질합니다. 이때 윗단(허리벨트 포함)에서 약 5cm는 바느질하지 않고 남겨둡니다. 시접은 가름솔합니다.

15

치마 옆선 시접과 연결된 허리벨트 양옆 시접도 접어줍니다.

16

이 상태에서 허리벨트를 반 접어 안쪽으로 넘깁니다.

17

치마와 허리벨트의 연결 솔기에서 0.3cm 위치에 홈질, 또는 재봉틀로 상침하고, 허리벨트 양끝에 후크를 달아줍니다.

18

멜라니의 크리놀린 스커트 완성.

# Melanie's Blouse

### 멜라니의 블라우스

• materials •

스커트와 같은 원단 55 x 45cm, 얇은 광목 25 x 10cm, 폭 4cm 케미컬레이스 30cm, 폭 1.5cm 장식용 주름레이스 45cm, 스냅단추 2개, 장식용 조화, 폭 1.5cm 라셀레이스 120cm

• How To Make •

1 실물 패턴: P.208 수록

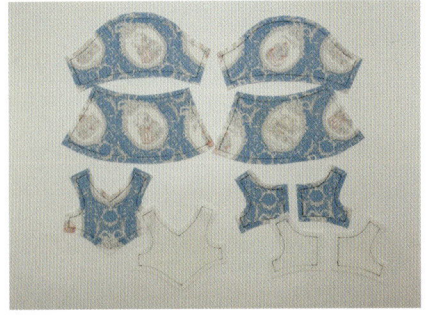

[겉감] 상의 앞판 1장, 상의 뒤판 대칭 1쌍, 퍼프소매 2장, 팔소매 2장을 재단합니다. [안감] 상의 앞판 1장, 뒤판 대칭 1쌍을 재단합니다.

2

상의 겉감의 앞판과 뒤판을 어깨선에서 연결하고 시접은 가름솔합니다.

3

퍼프소매 밑단과 팔소매 윗단에 주름홈질해서, 각각 8.5cm가 되도록 줄여줍니다.

4

팔소매 밑단 시접을 겉면 쪽으로 0.5cm 접은 후 주름홈질합니다. 실을 당겨 7.5cm가 되도록 줄여줍니다.

5

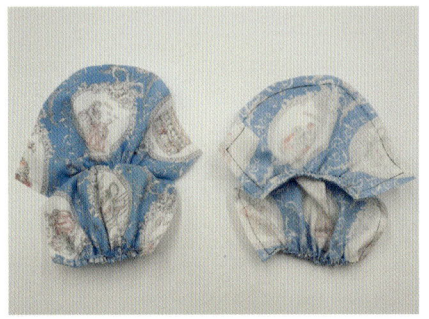

퍼프소매 밑단과 팔소매 윗단을 겉끼리 마주대어 바느질하고, 시접은 퍼프소매 쪽으로 접습니다.

6

팔소매 밑단 시접 위에 폭 1.5cm 주름레이스를 올려서 바느질로 고정합니다.

7

퍼프소매의 주름산에 주름홈질해 블라우스 진동둘레에 맞춰 줄여줍니다. 블라우스와 소매를 겉끼리 마주대어 바느질합니다.

8

안으로 뒤집어 모양을 정돈한 후, 소매 옆선과 상의 옆선을 바느질하고 겨드랑이 부분에 가위집을 넣어줍니다. 겉으로 뒤집어 놓습니다.

9

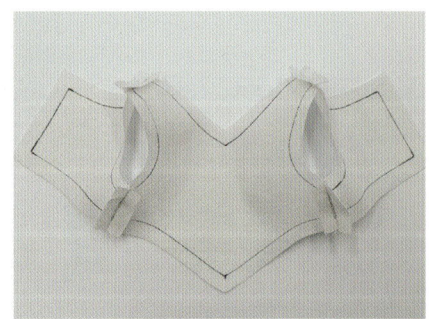

상의 안감의 앞판과 뒤판을 어깨선과 옆선에서 연결하고 시접은 가름솔합니다.

10

블라우스 겉감과 안감을 겉끼리 마주 닿게 겹친 상태에서 목둘레, 뒤여밈, 밑단을 빙 둘러 바느질합니다. 이때 밑단 적당한 위치에 약 5cm의 창구멍을 남깁니다.

11

시접의 곡선 부분엔 가위집을 넣고, 꺾인 부분은 대각선으로 잘라줍니다. 겉으로 뒤집어 모양을 정돈한 후 가장자리를 다림질합니다.

12

블라우스 밑단에 폭 4cm 케미컬레이스를 달아줍니다. 이 과정에서 창구멍이 닫힙니다. 레이스 양끝에 1cm씩 여유분을 두어, 안쪽으로 접어 넣고 바느질합니다.

13

목둘레에 폭 1.5cm 주름레이스를 달아줍니다. 레이스 양끝에 1cm씩 여유분을 두어, 안쪽으로 접어 넣고 바느질합니다.

14

겉감과 안감의 진동둘레 시접은 한꺼번에 감침질합니다. 이때 실을 너무 당기지 않아야 합니다. 이렇게 진동둘레 시접을 노출시키면 퍼프소매가 더 풍성해집니다.

15

블라우스 뒤여밈의 위아래에 스냅단추를 달아줍니다.

16

폭 1.5cm 라셀레이스로 나비리본(길이 약 10cm)을 만들어 소매 절개선 위치에 바느질하고, 실리콘 글루건으로 조화를 달아줍니다.

17

목둘레 앞중심도 조화로 장식합니다. 라셀레이스로 나비리본(길이 25~27cm)을 만들어 밑단 앞중심에 조화와 함께 장식하면 멜라니의 블라우스 완성.

18

블라우스와 스커트를 코디한 모습.

※ 완성선에 표시된 숫자는 시접 분량이며. 화살표는 원단의 식서 방향입니다.
※ 물결 표시는 주름홈질을 해야 하는 부분입니다.

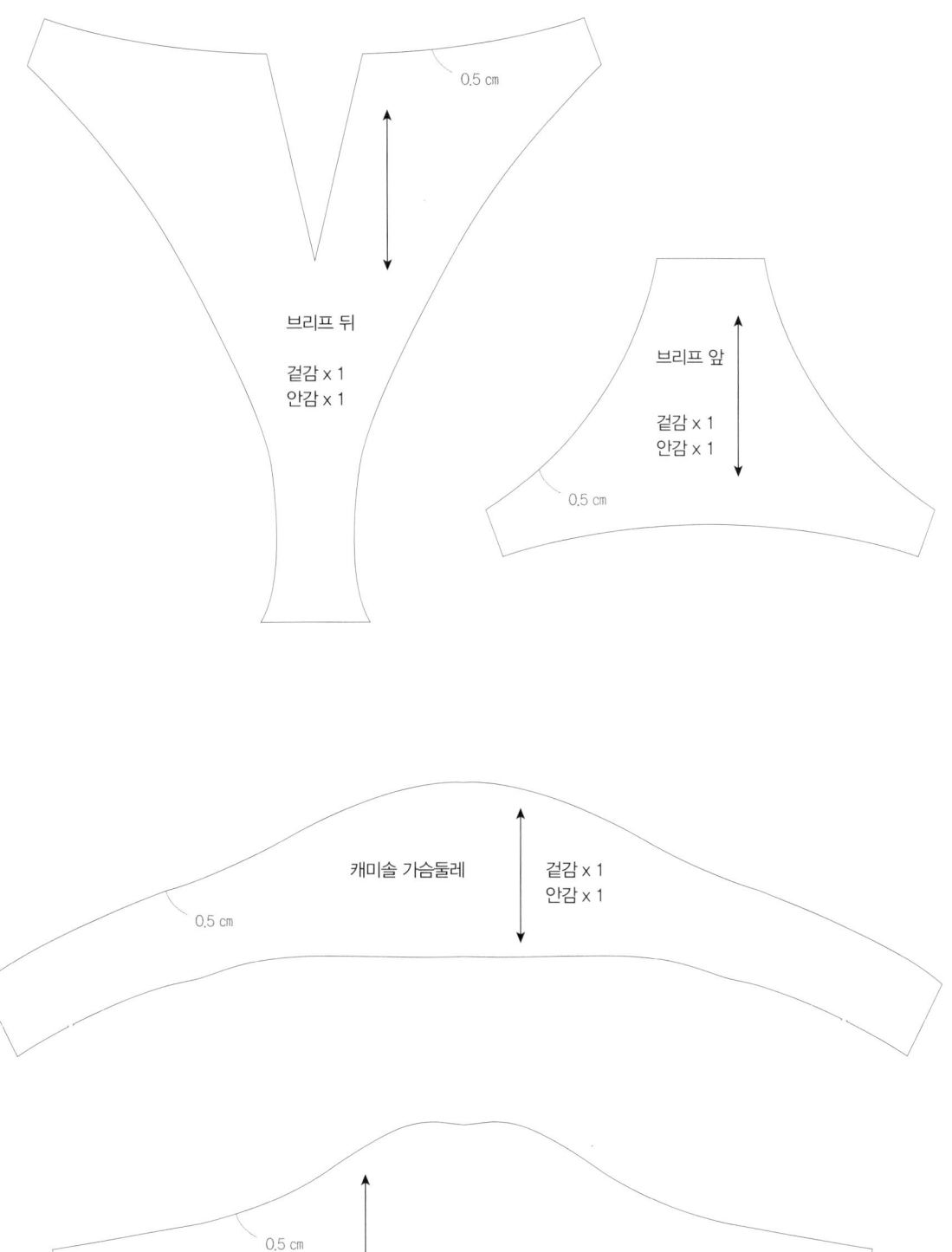

0.5 cm
0.8 cm
드로어즈
좌우대칭 X 각1
0.5 cm
0.5 cm
핀턱
3.5 cm

0.5 cm
0.5 cm
드로어즈 허리둘레
겉감 x 1
안감 x 1
0.5 cm

0.5 cm
0.5 cm
페티코트 허리둘레
겉감 x 1
안감 x 1
0.5 cm

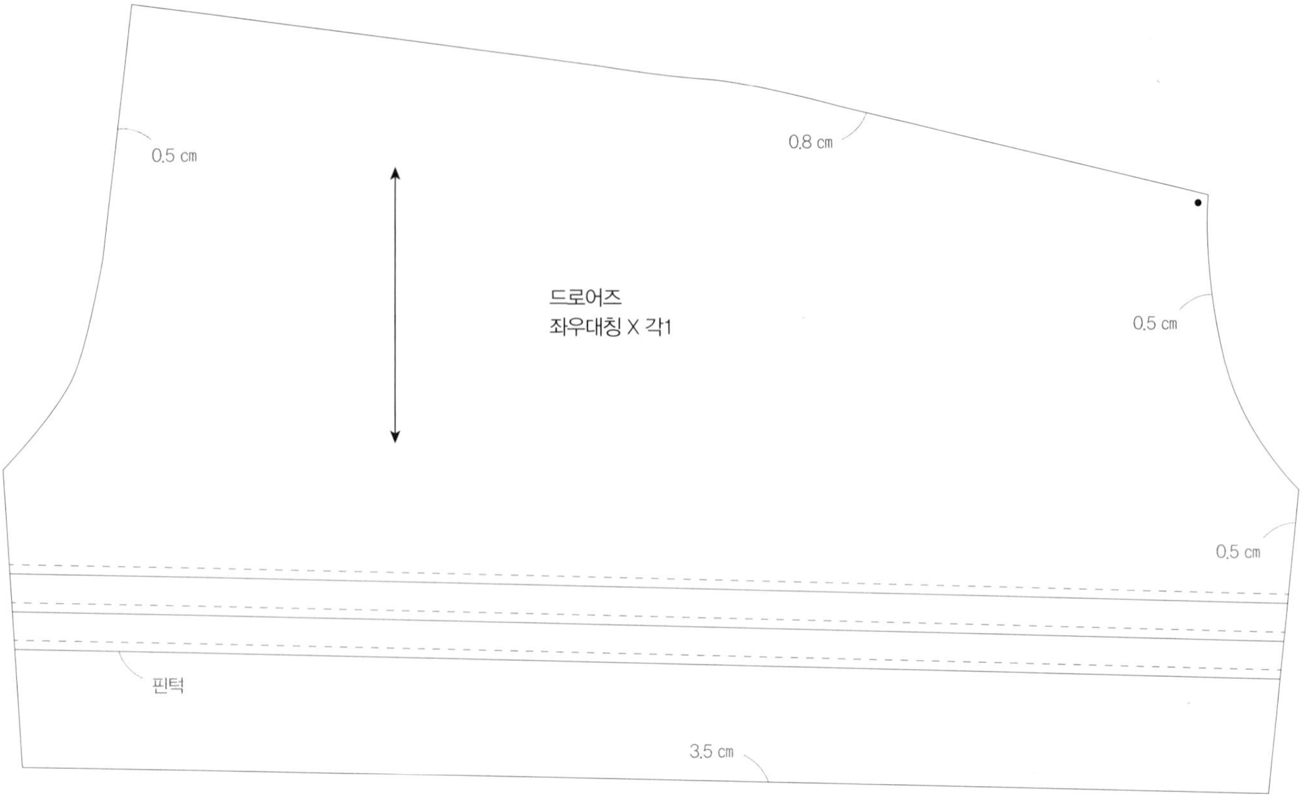

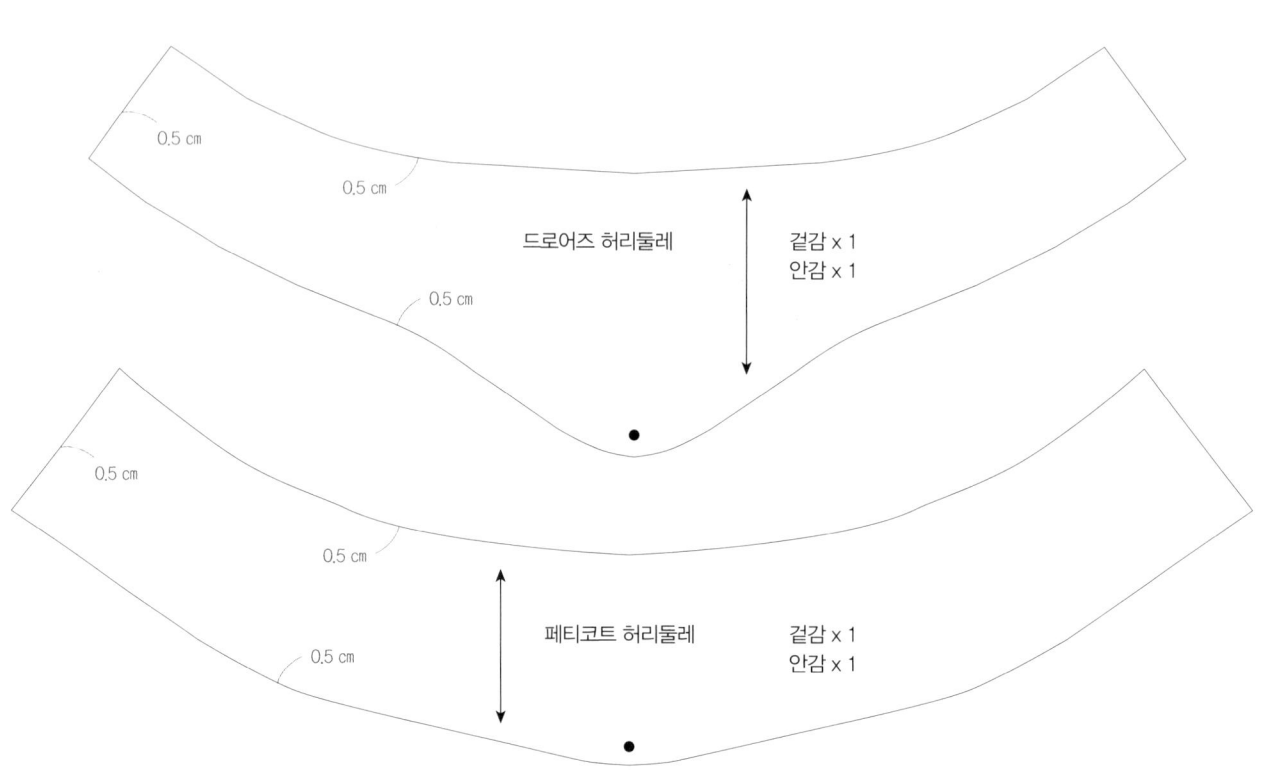

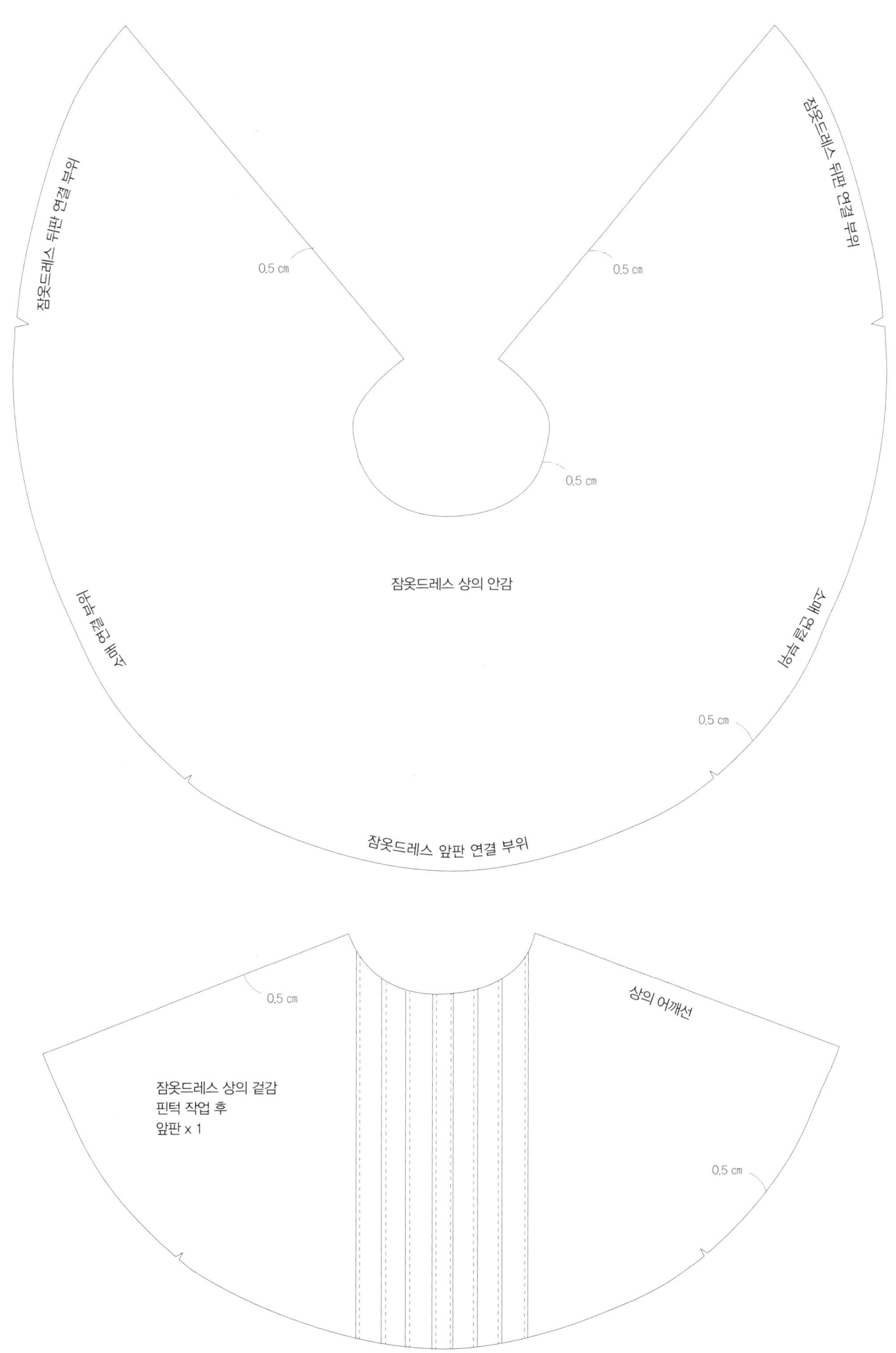

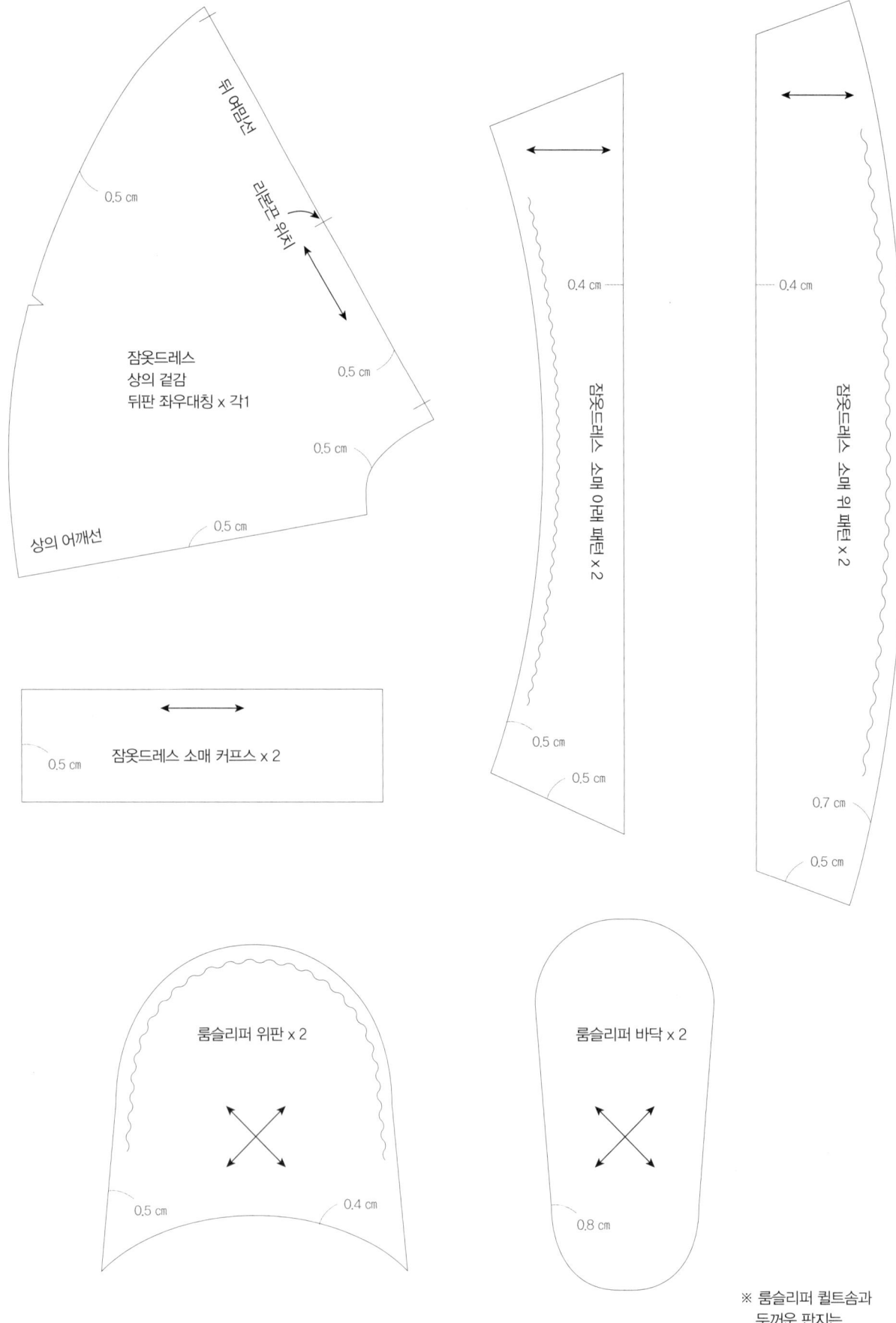

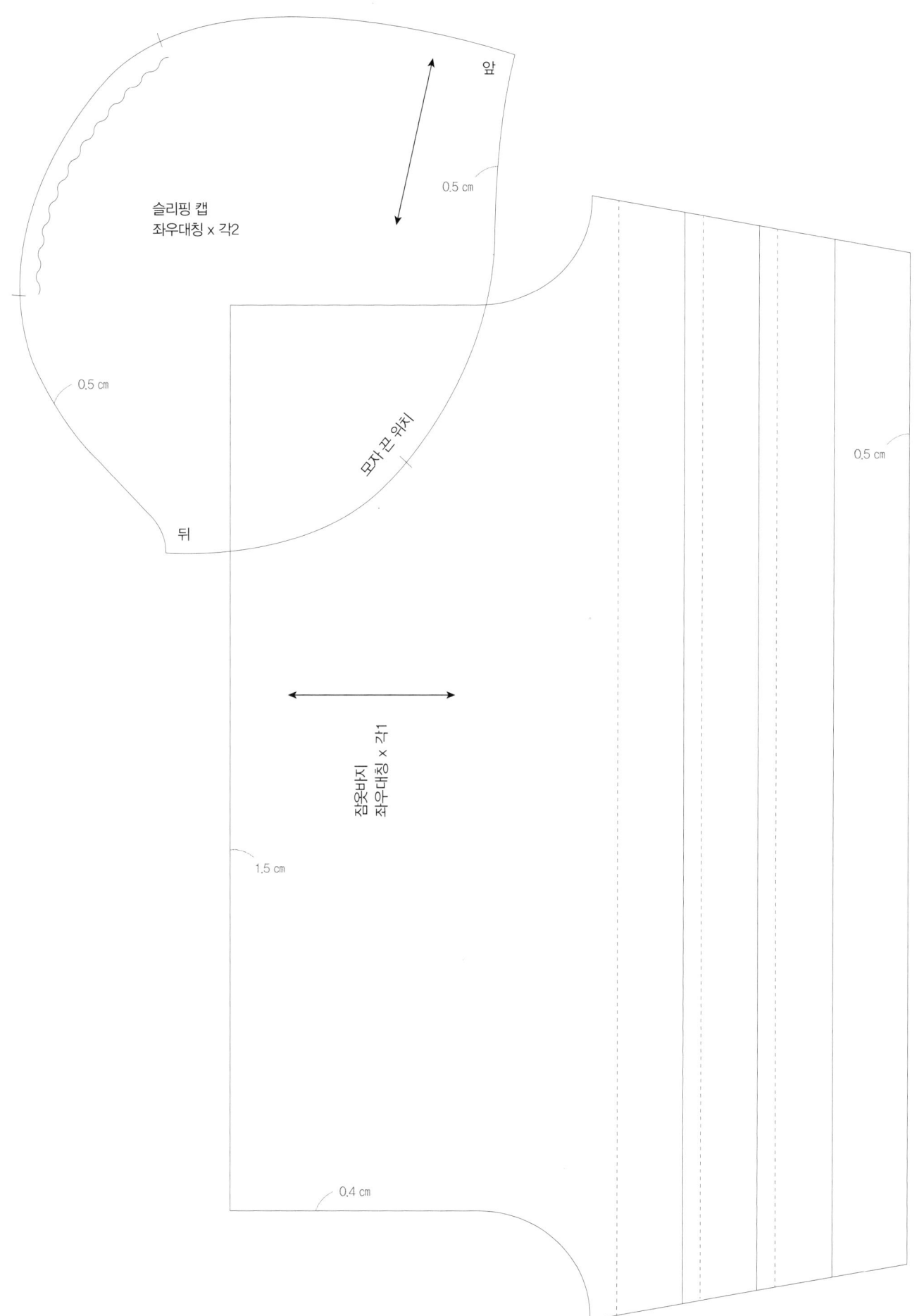

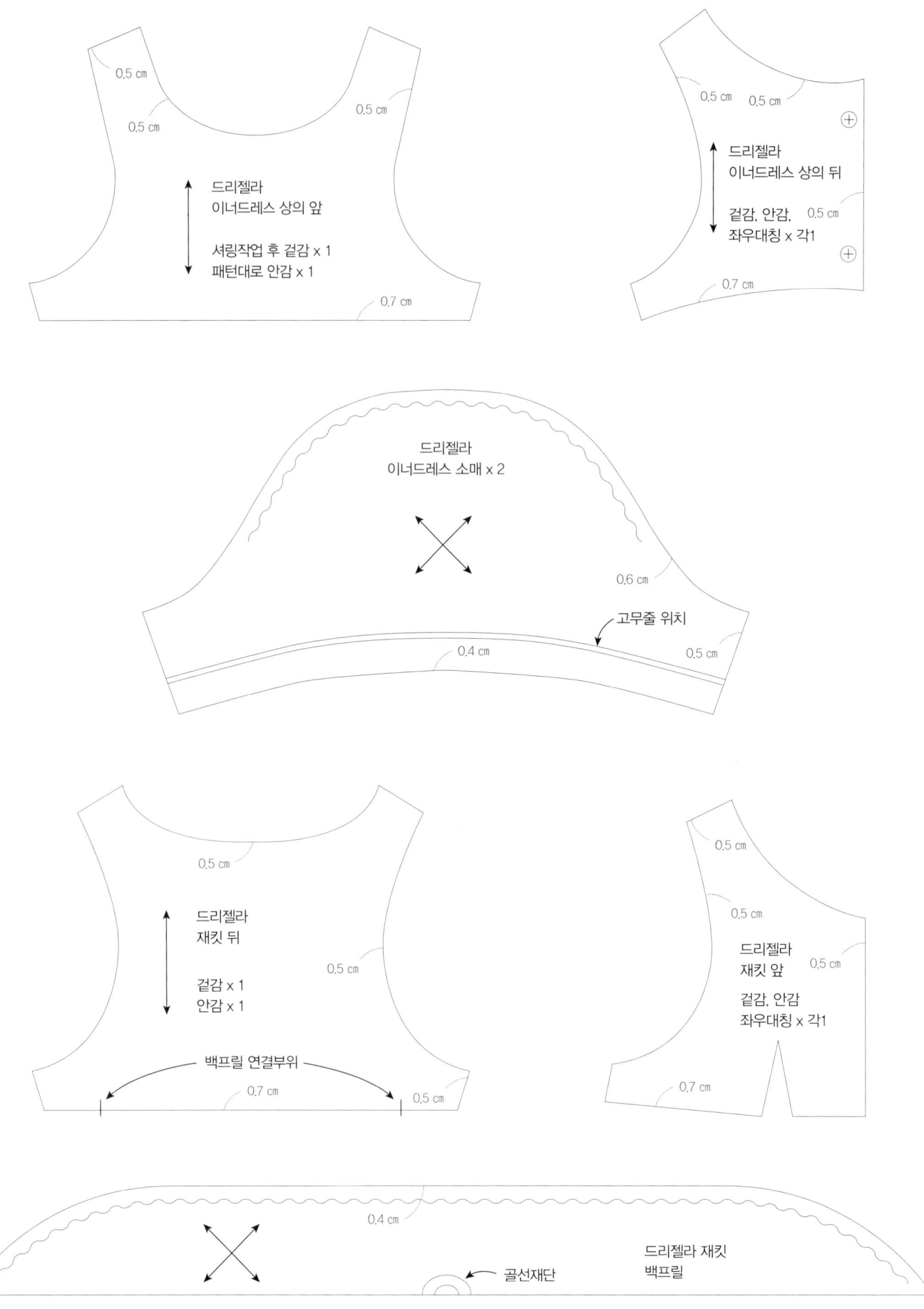

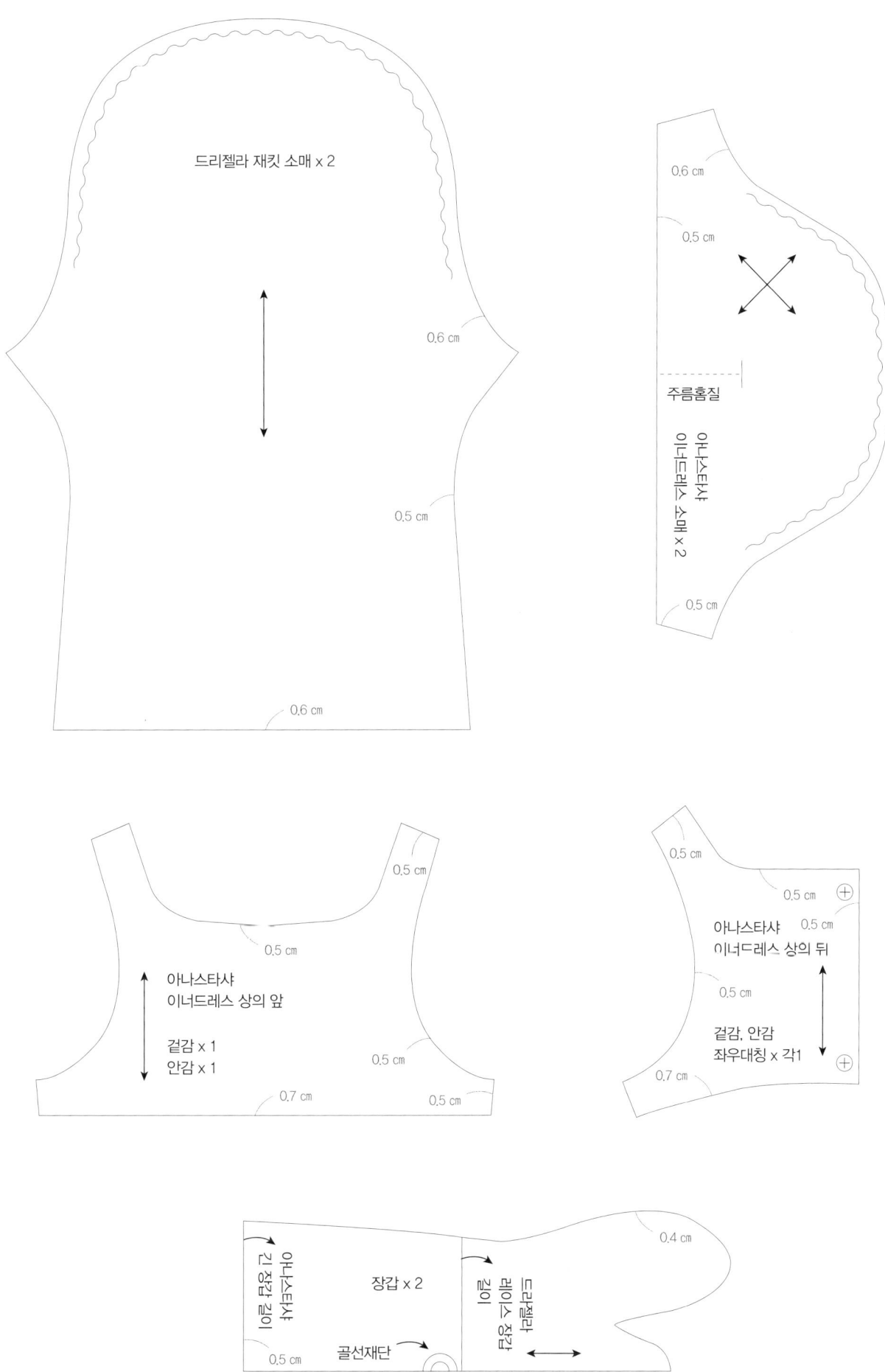

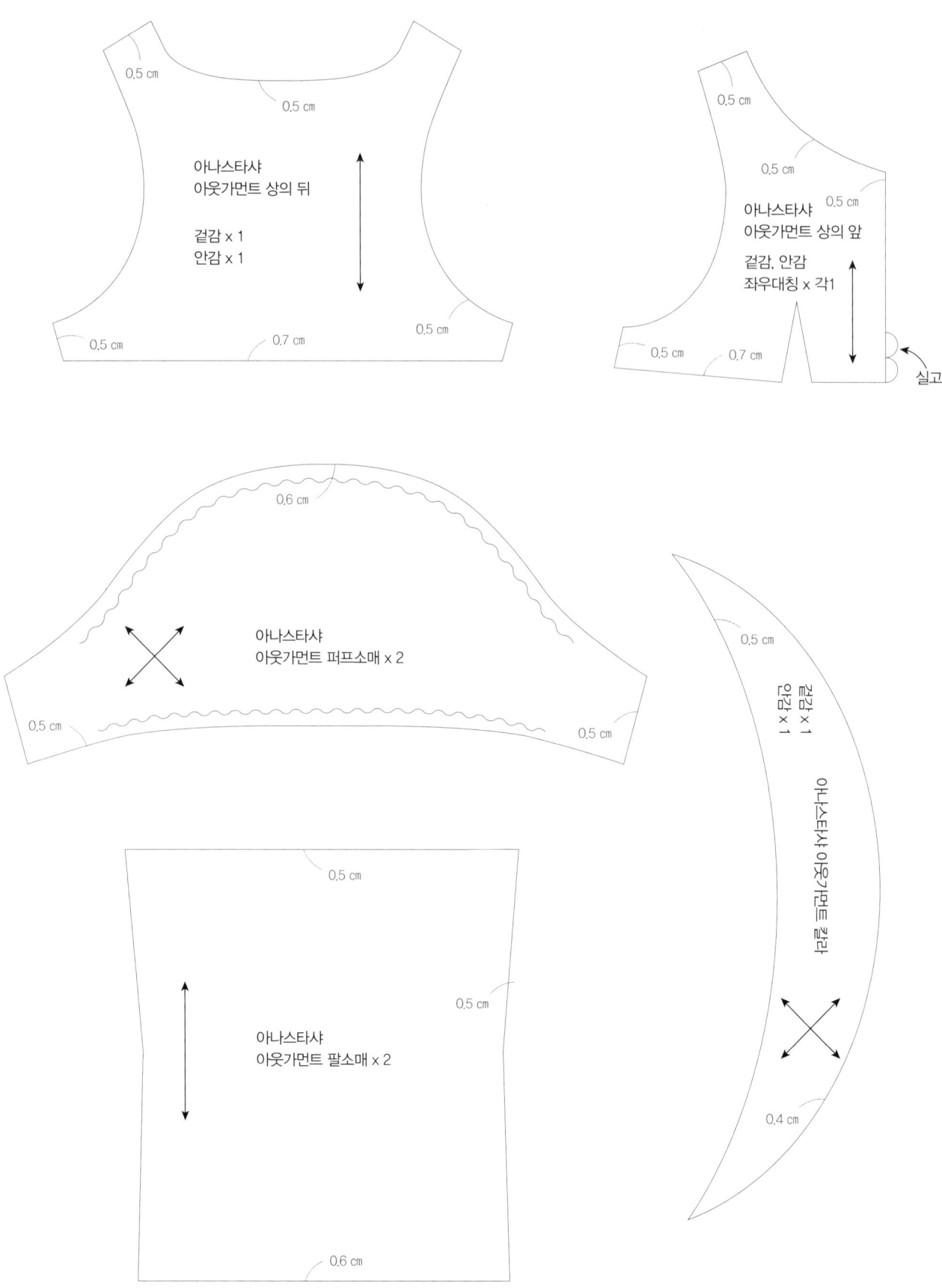

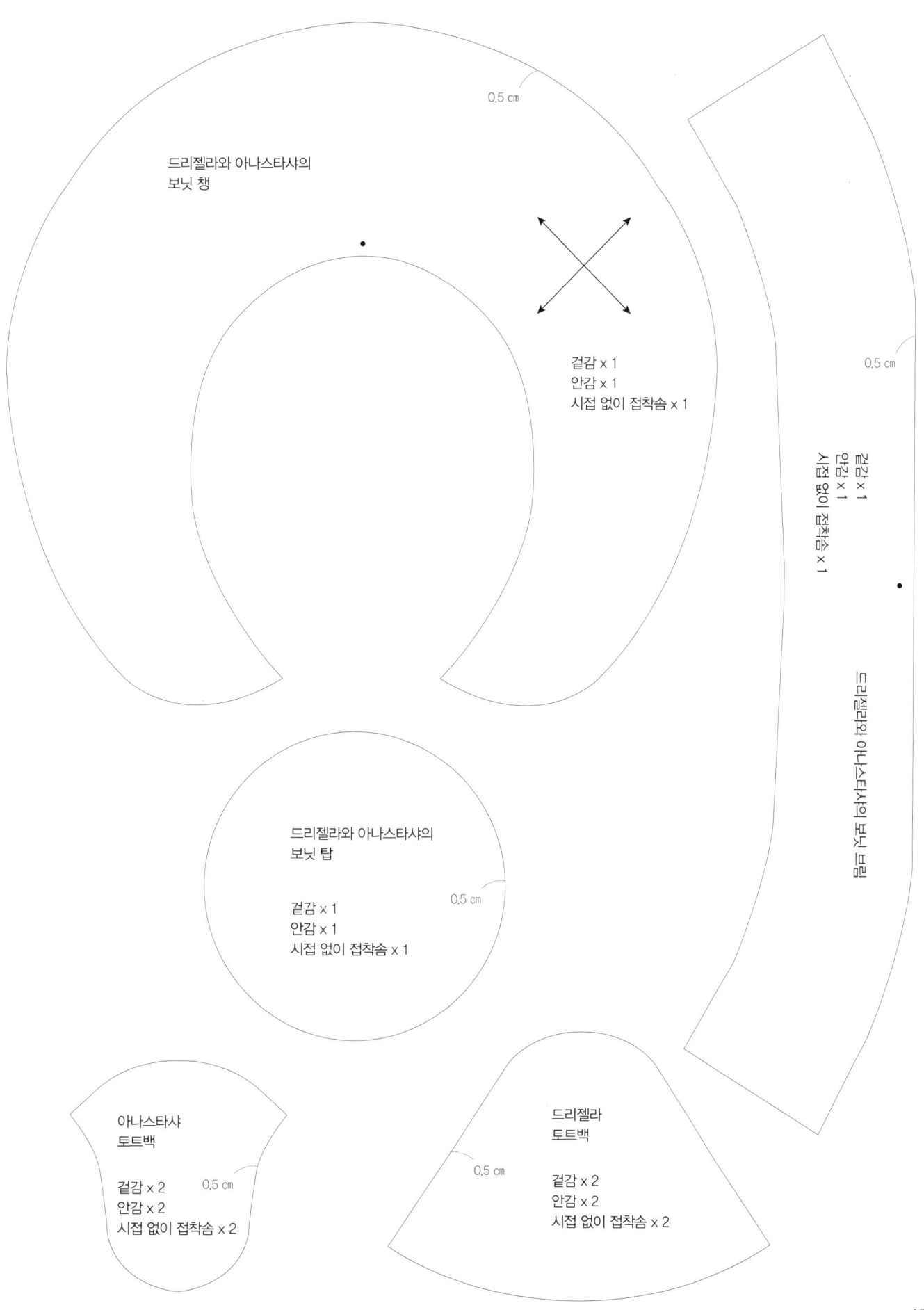

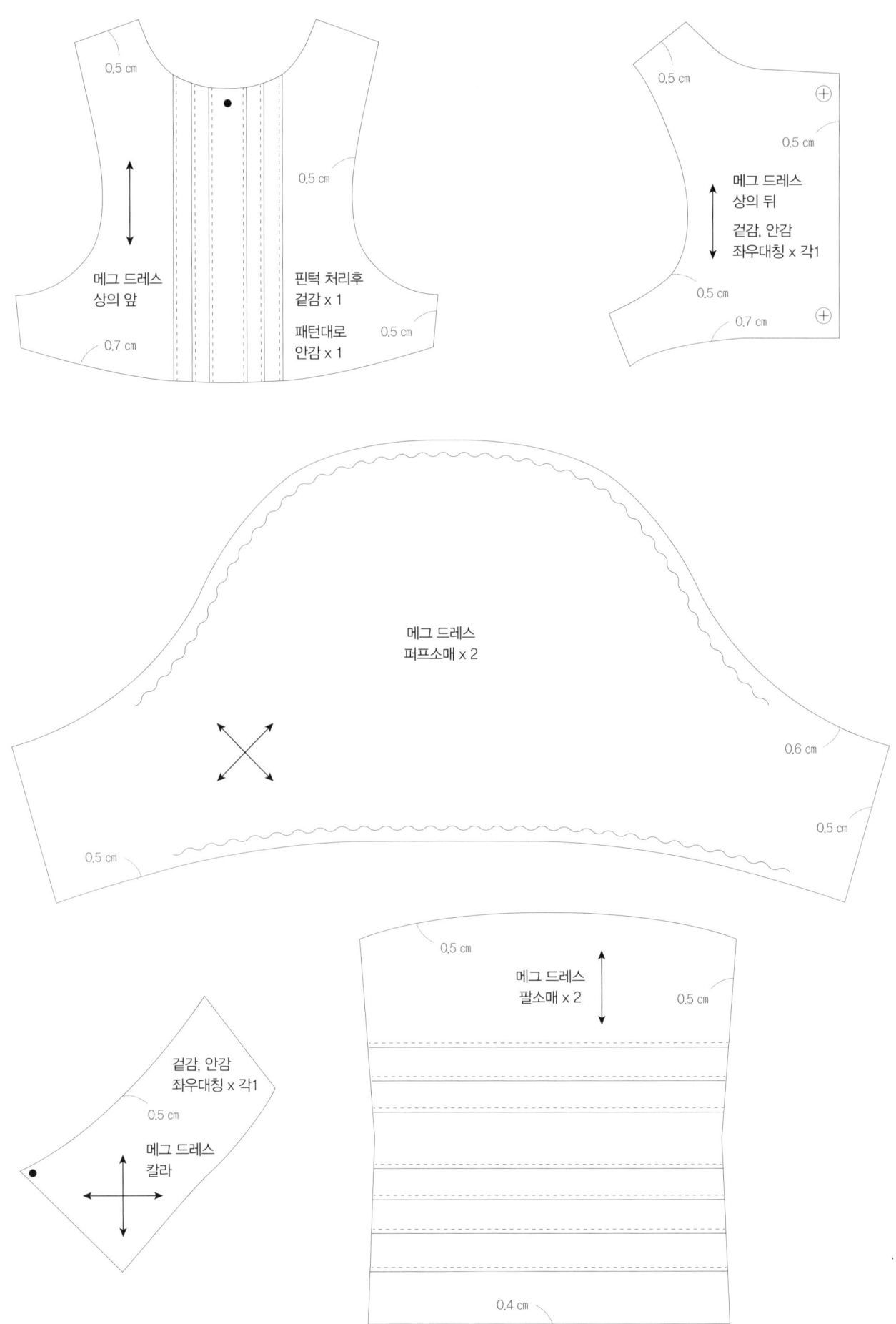

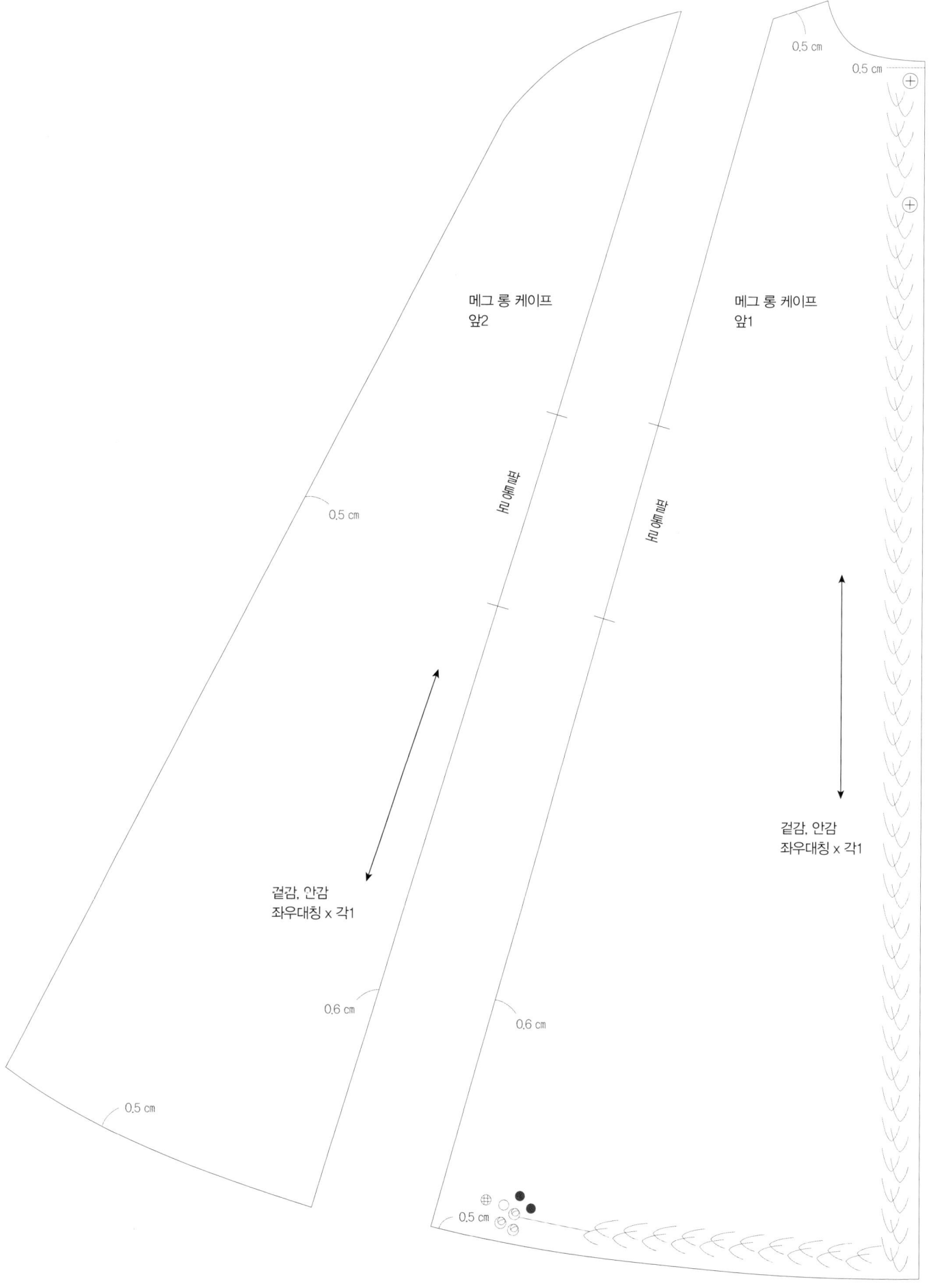

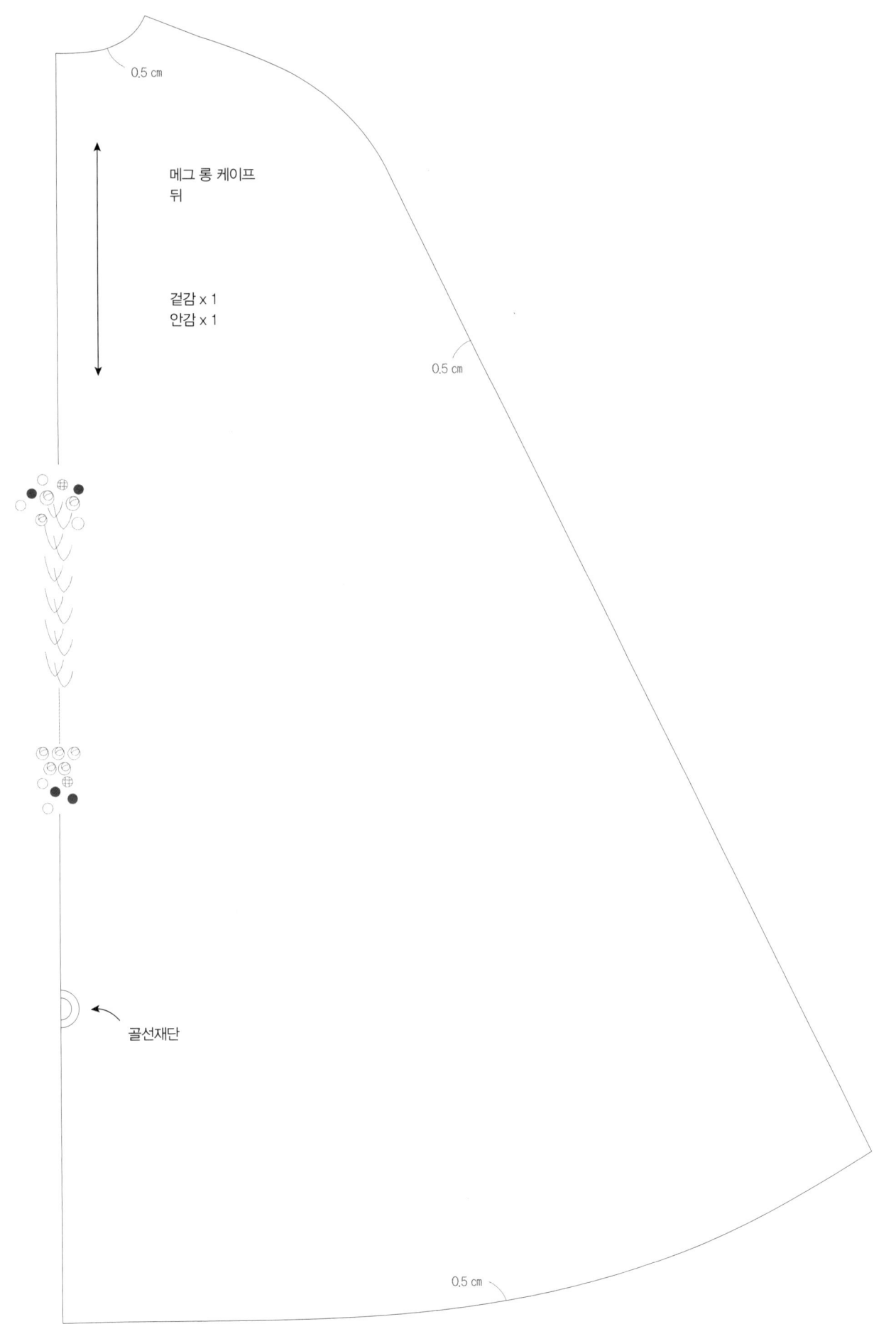

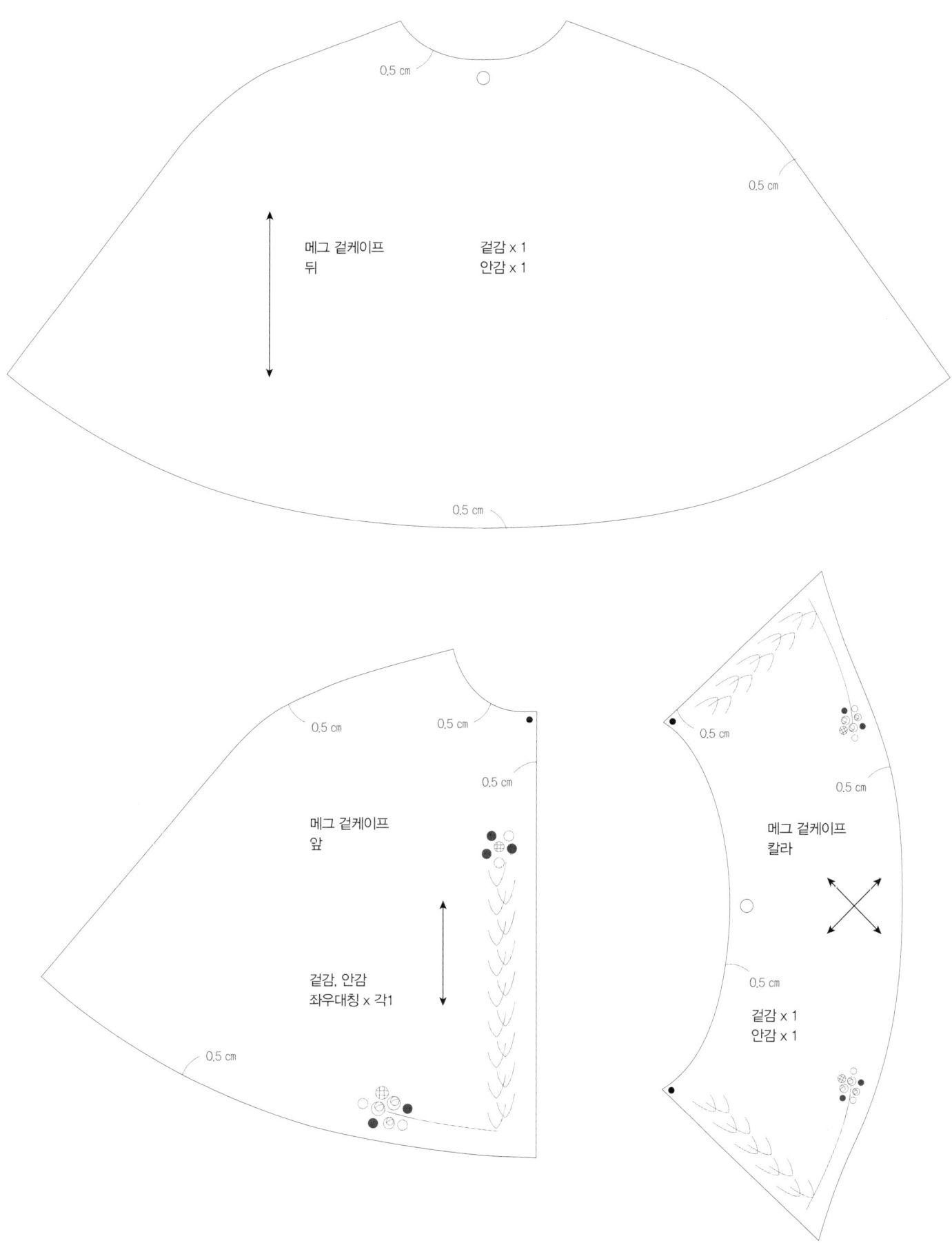

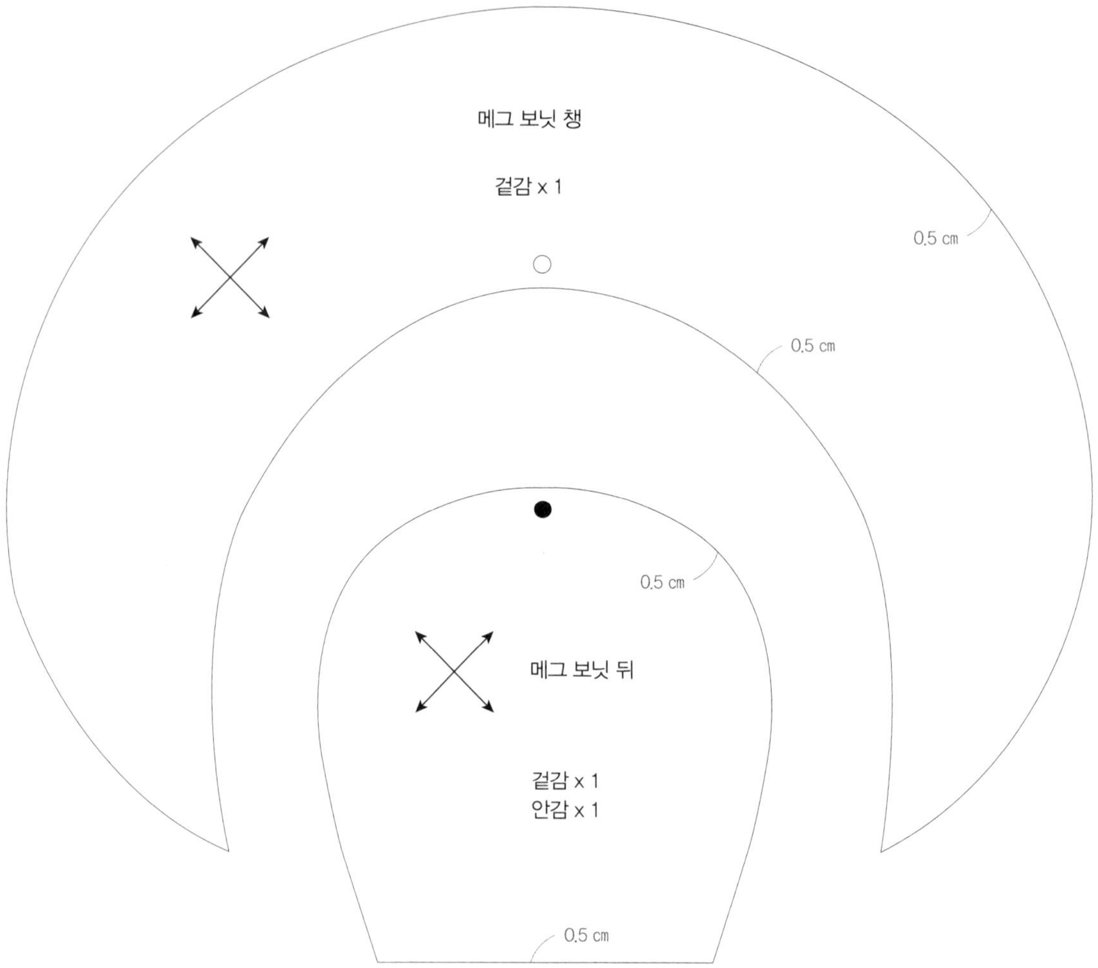

메그 보닛 챙

겉감 x 1

0.5 cm

0.5 cm

0.5 cm

메그 보닛 뒤

겉감 x 1
안감 x 1

0.5 cm

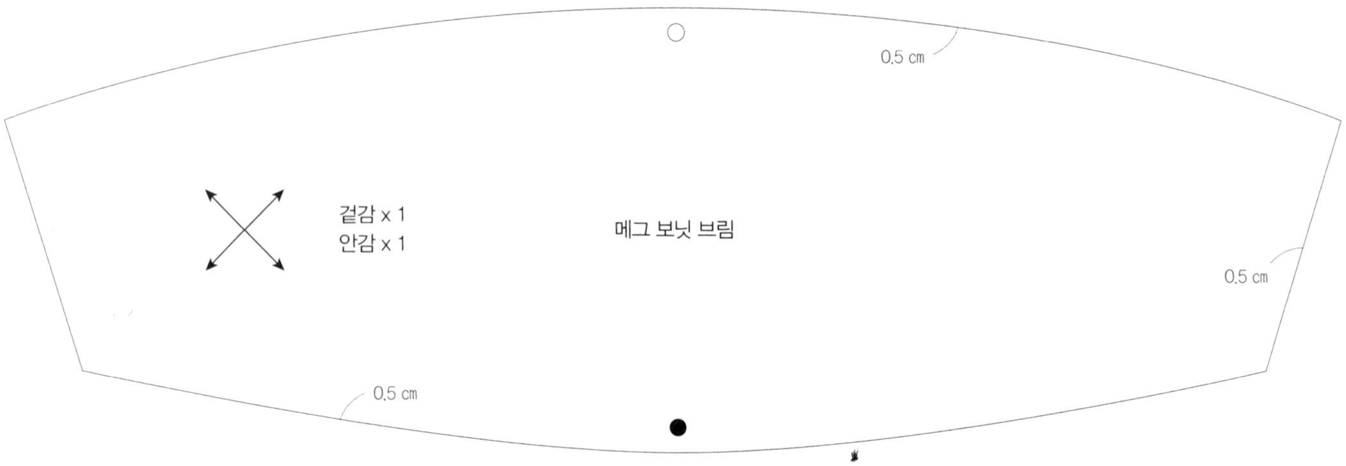

0.5 cm

겉감 x 1
안감 x 1

메그 보닛 브림

0.5 cm

0.5 cm

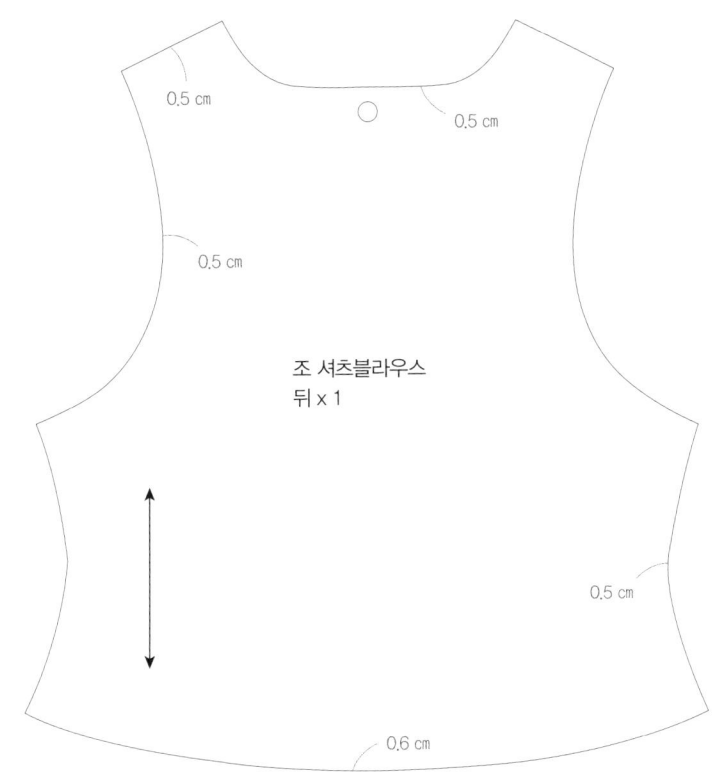
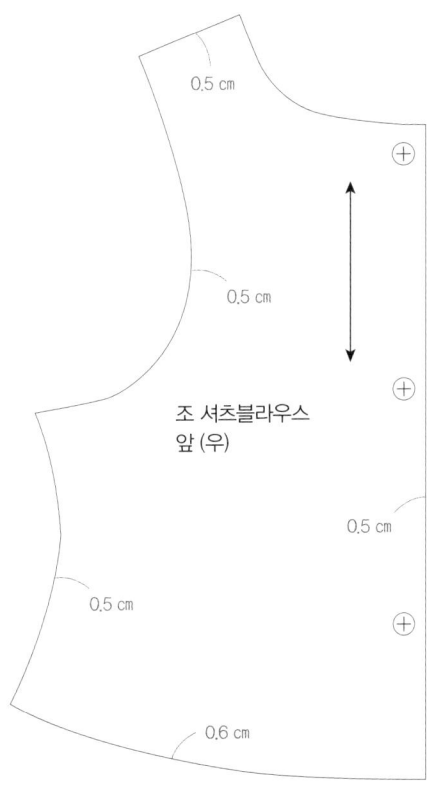
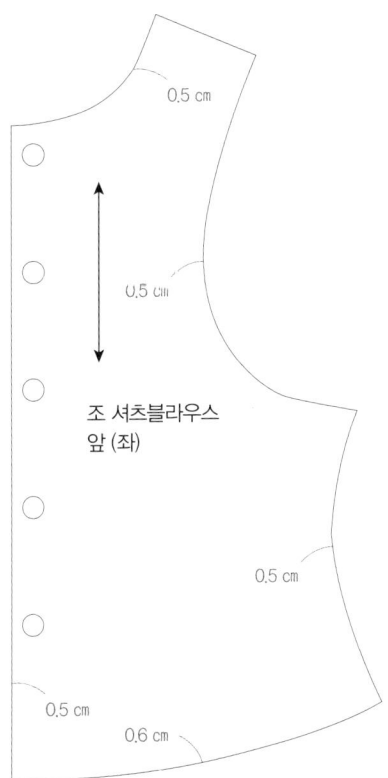

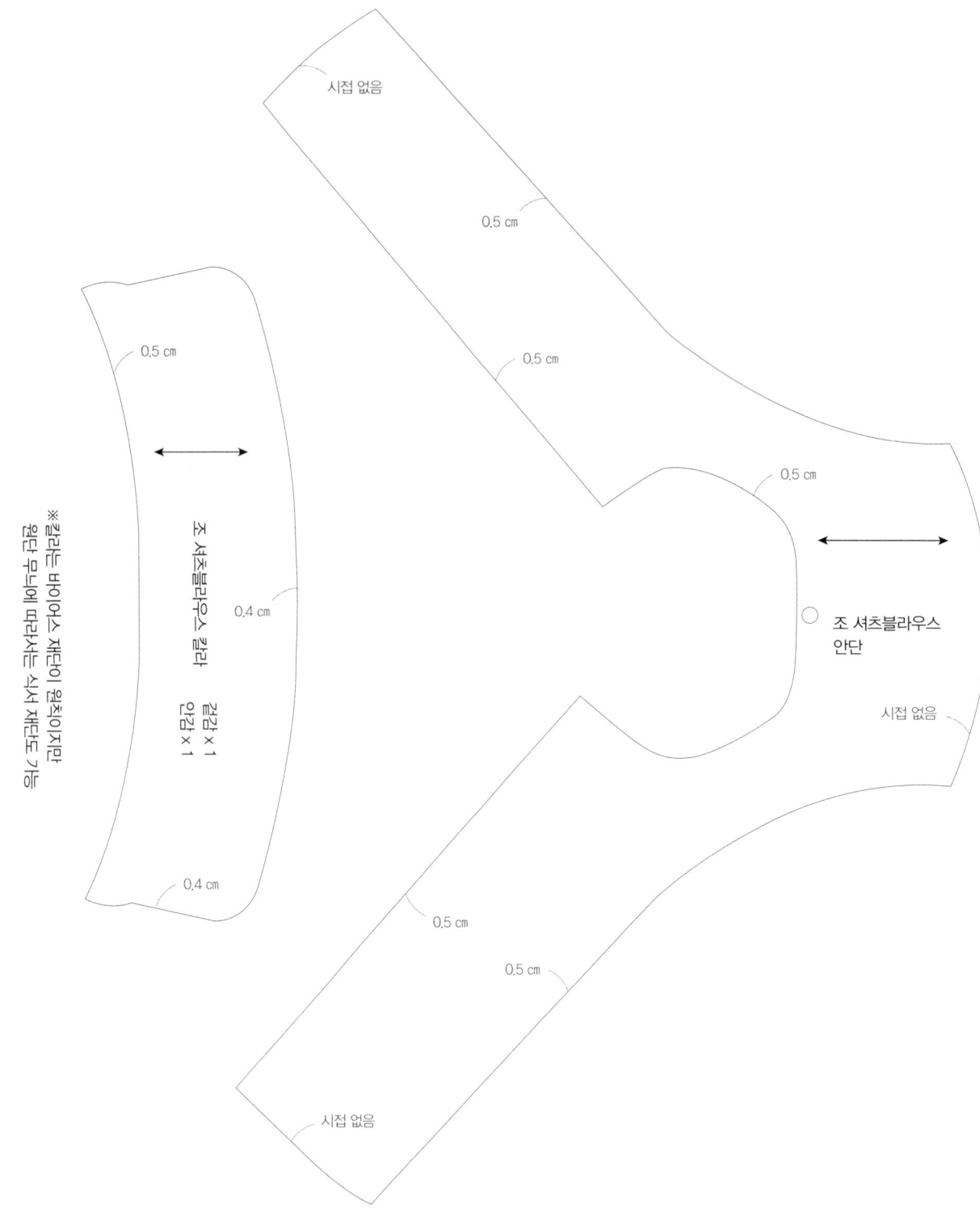

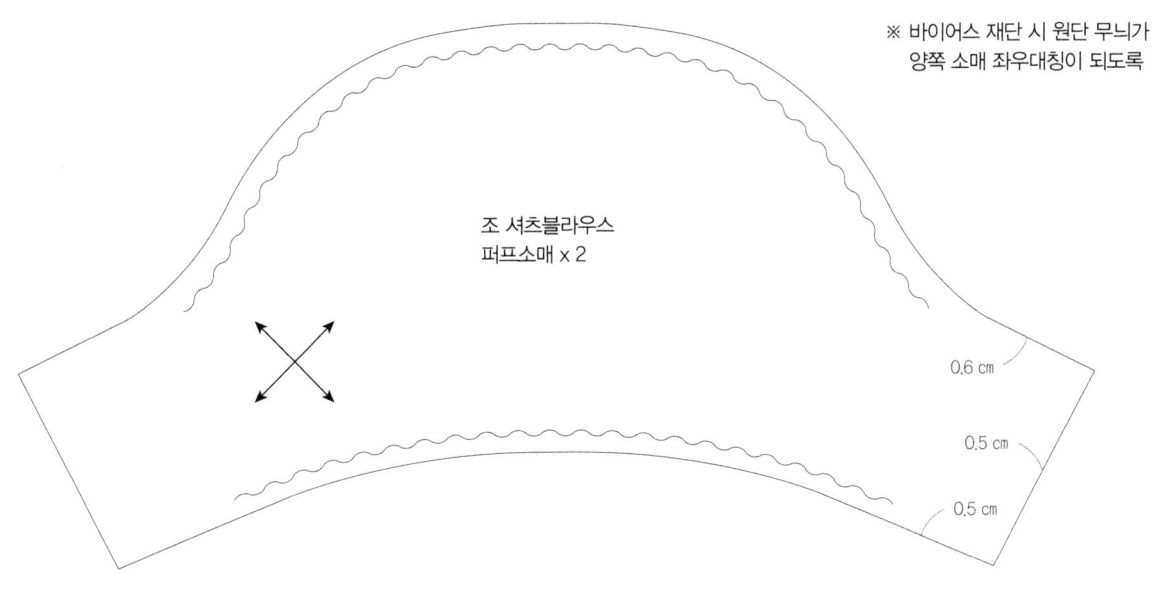

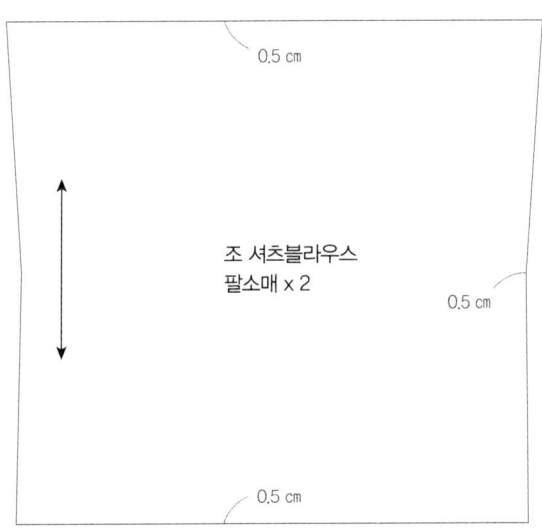

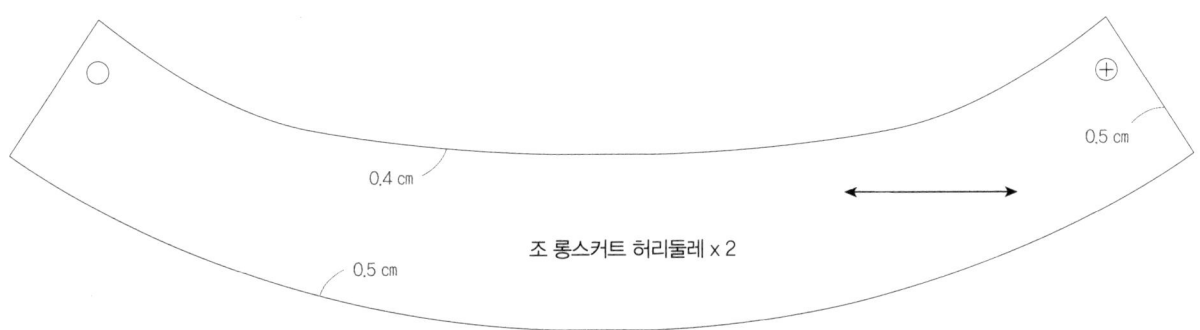

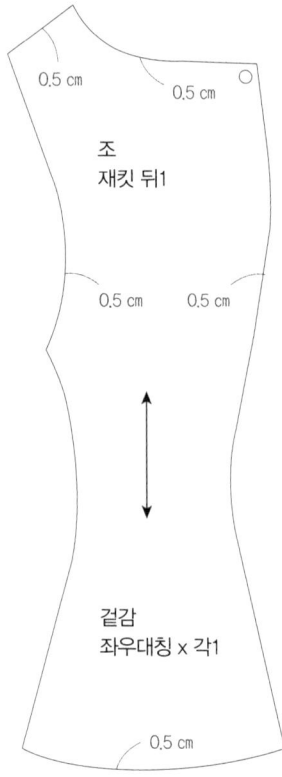
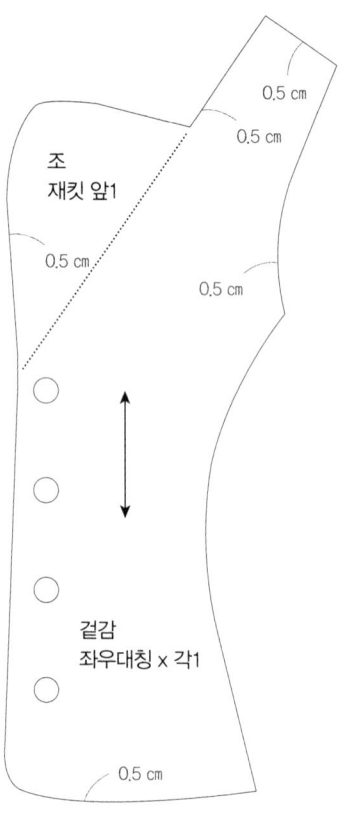
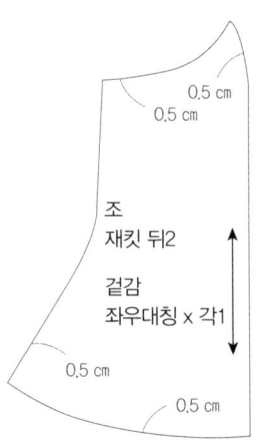
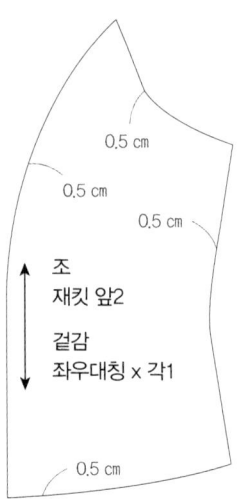

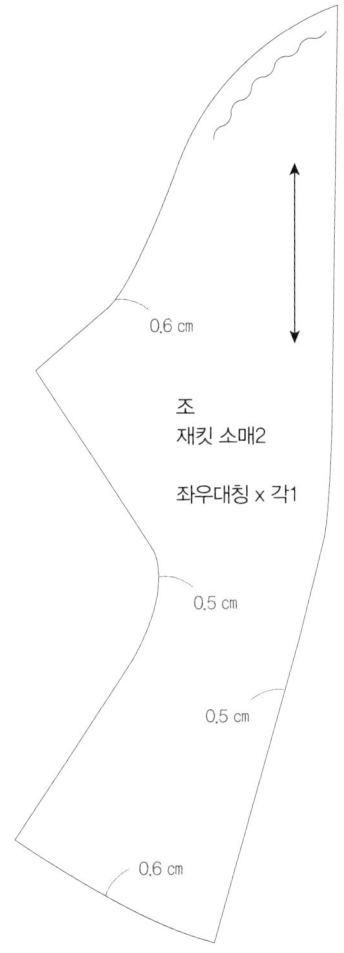

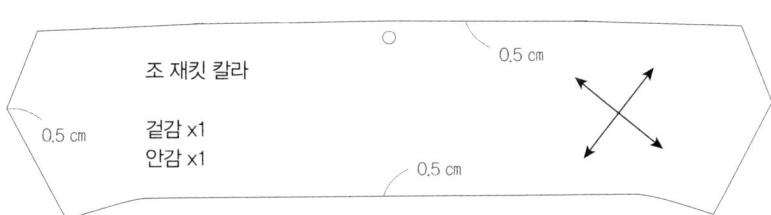

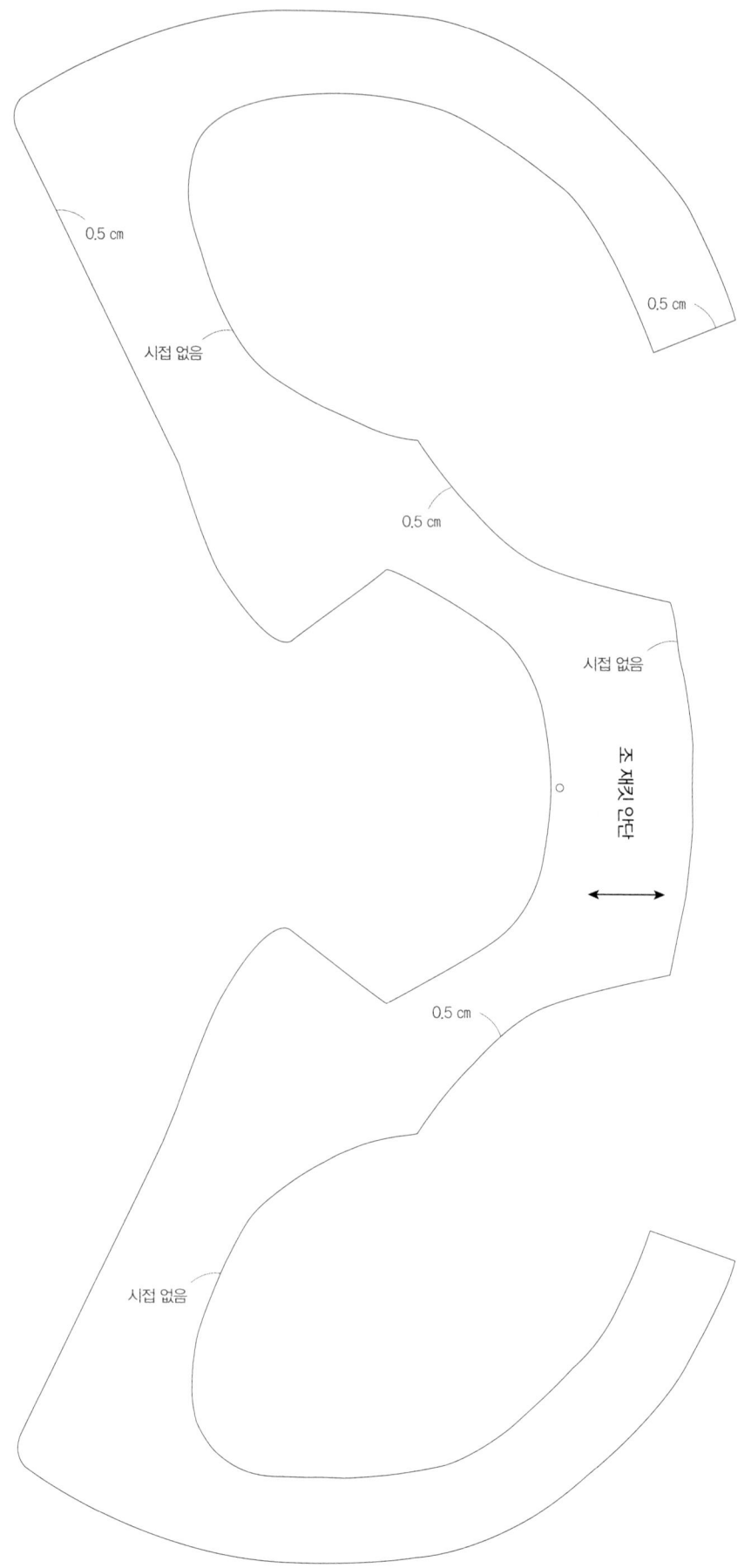

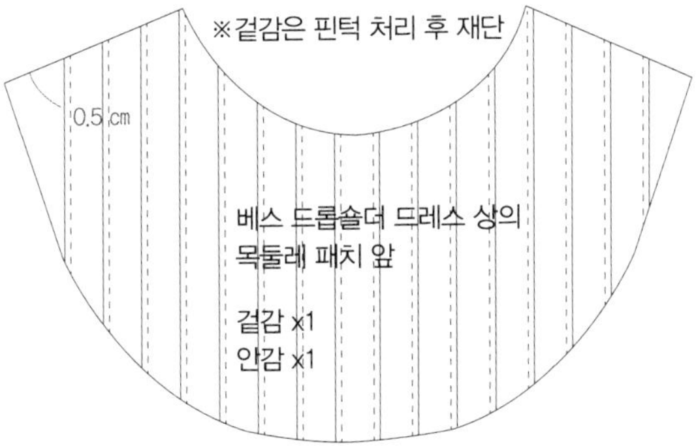

※겉감은 핀턱 처리 후 재단

베스 드롭숄더 드레스 상의
목둘레 패치 앞

겉감 x1
안감 x1

0.5 cm

베스 드롭숄더 드레스
소매 커프스 x 2

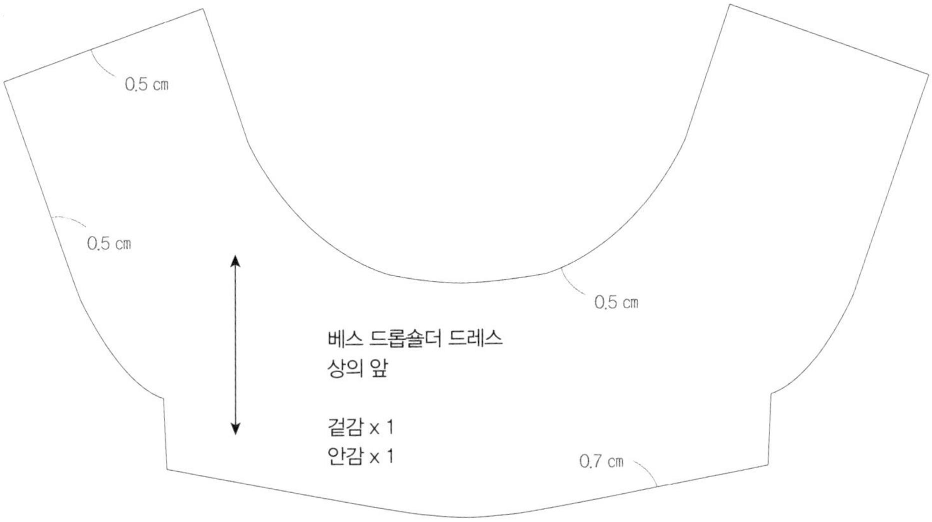

0.5 cm

베스 드롭숄더 드레스
상의 앞

겉감 x 1
안감 x 1

0.5 cm
0.5 cm
0.5 cm
0.7 cm

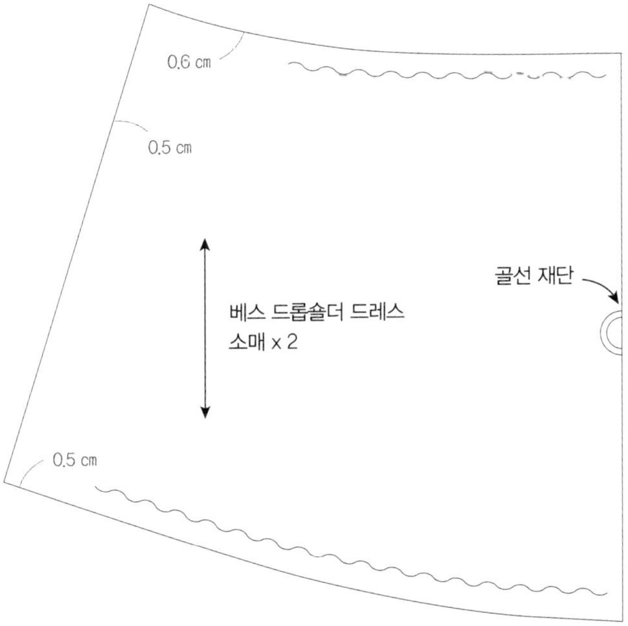

베스 드롭숄더 드레스
소매 x 2

골선 재단

0.6 cm
0.5 cm
0.5 cm

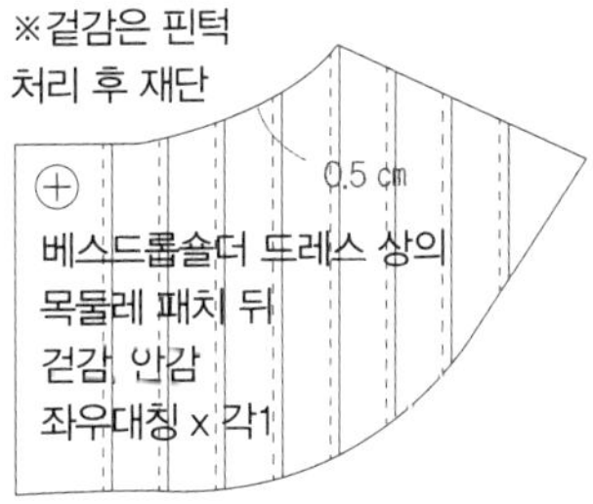

※겉감은 핀턱 처리 후 재단

베스드롭숄더 드레스 상의
목둘레 패치 뒤
겉감, 안감
좌우대칭 x 각1

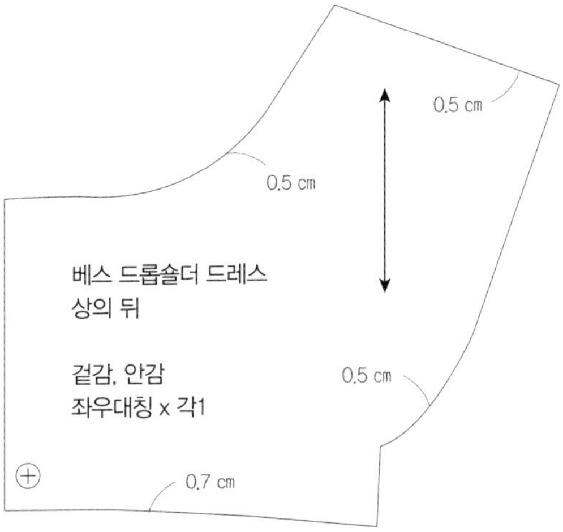

0.5 cm

베스 드롭숄더 드레스
상의 뒤

겉감, 안감
좌우대칭 x 각1

0.5 cm
0.5 cm
0.5 cm
0.7 cm

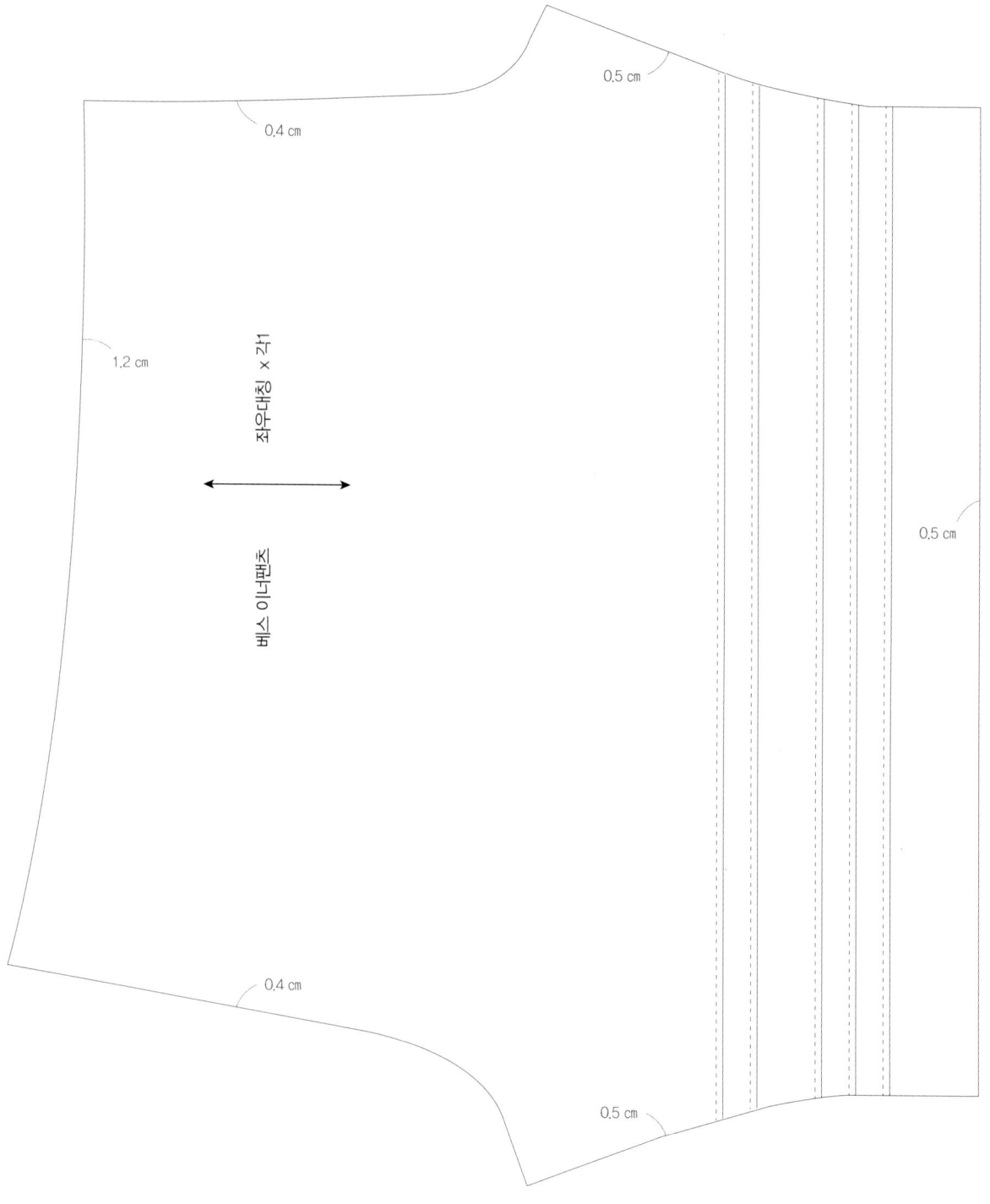

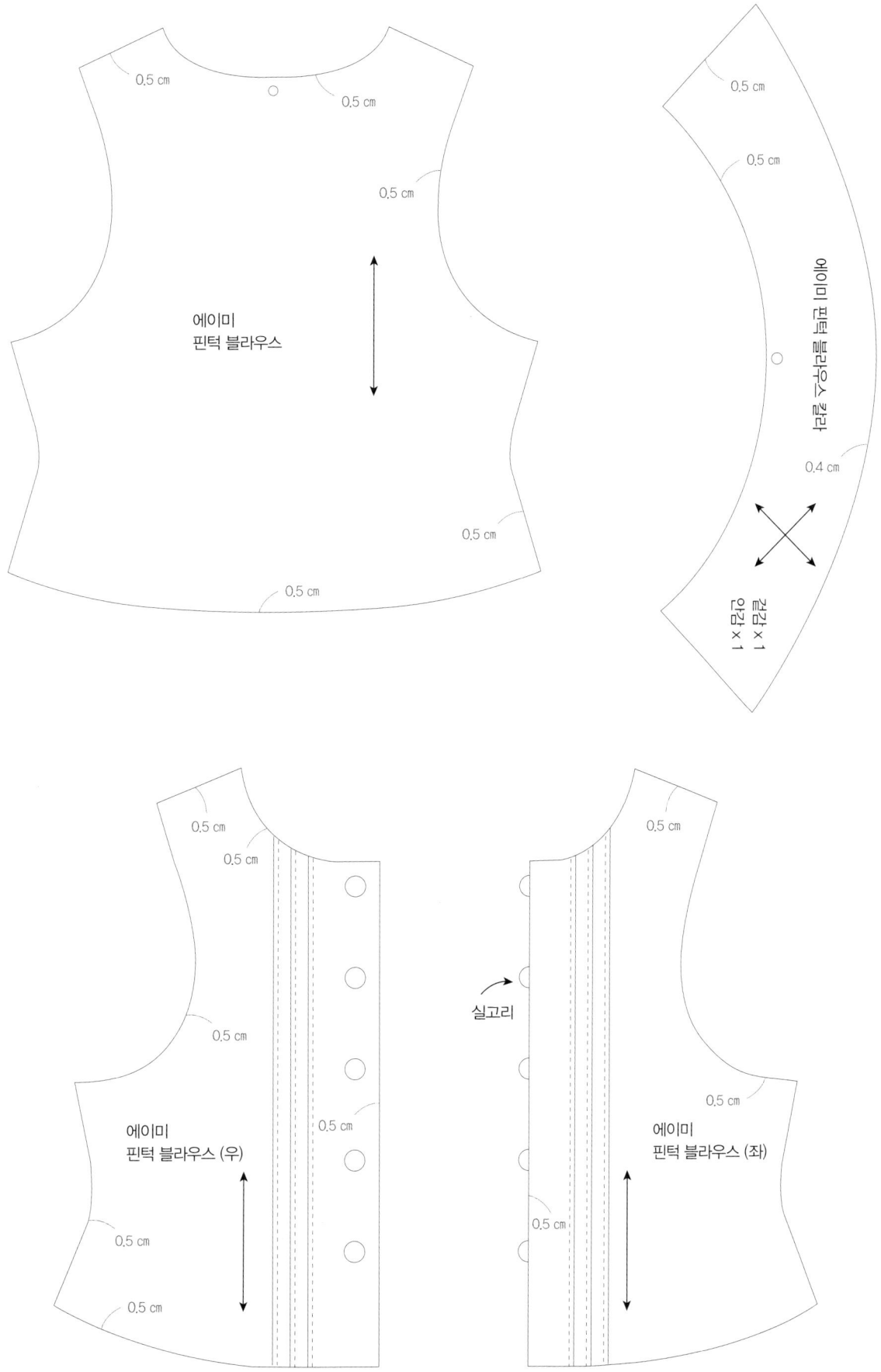

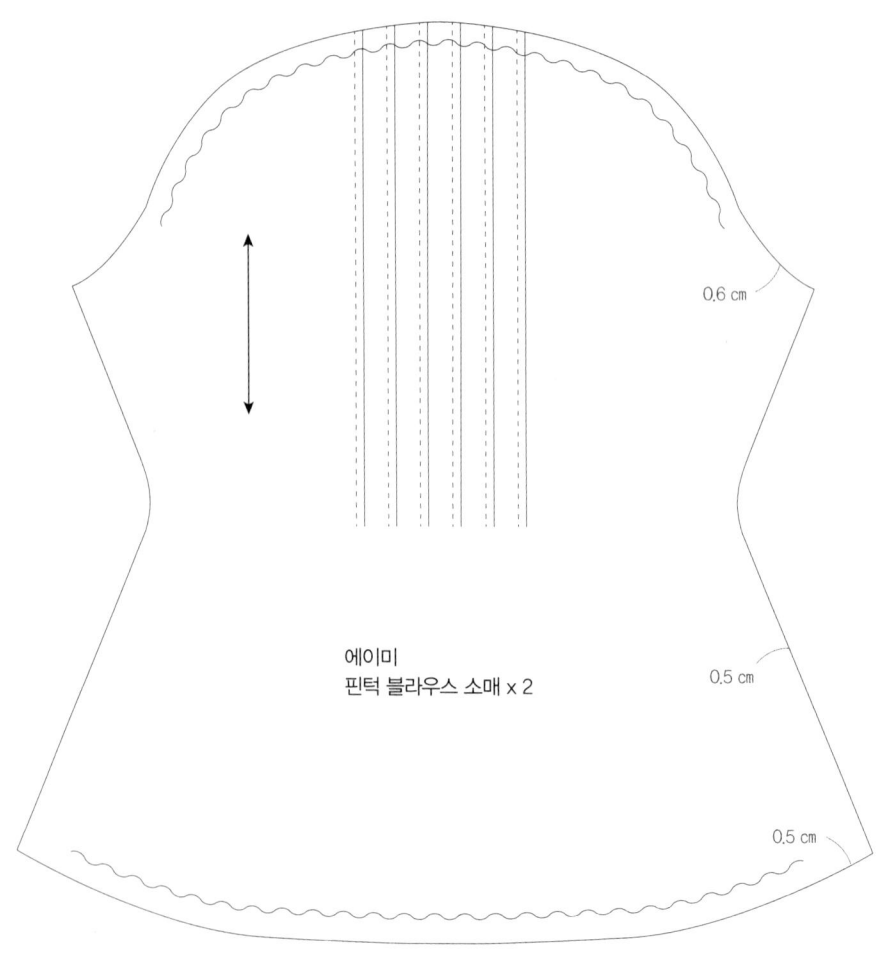
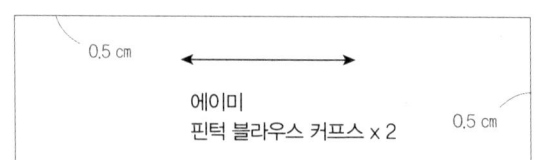

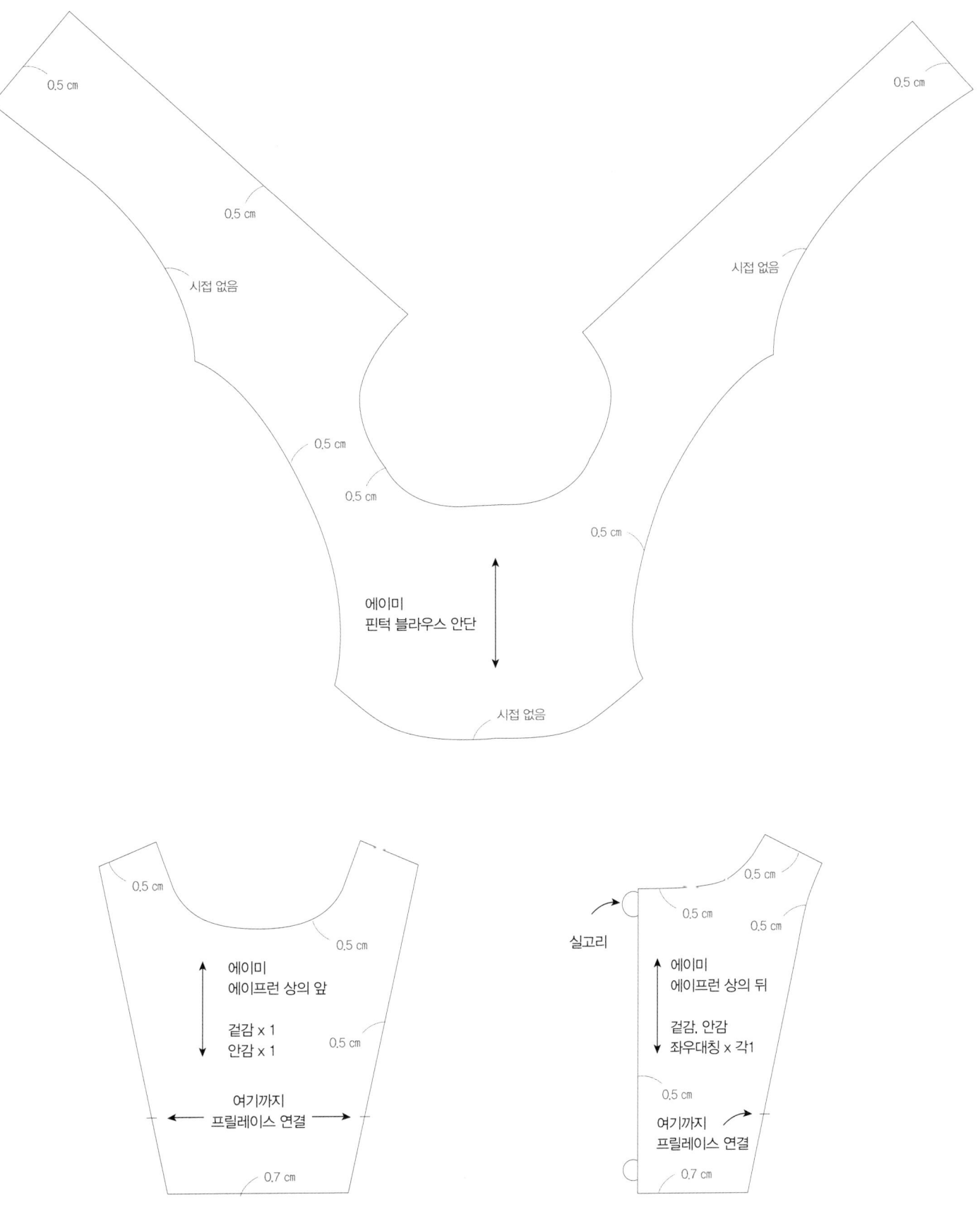

※ 상의 안감은 25 X 25 cm 1장 재단해서 겉감 어깨 연결 후 진행

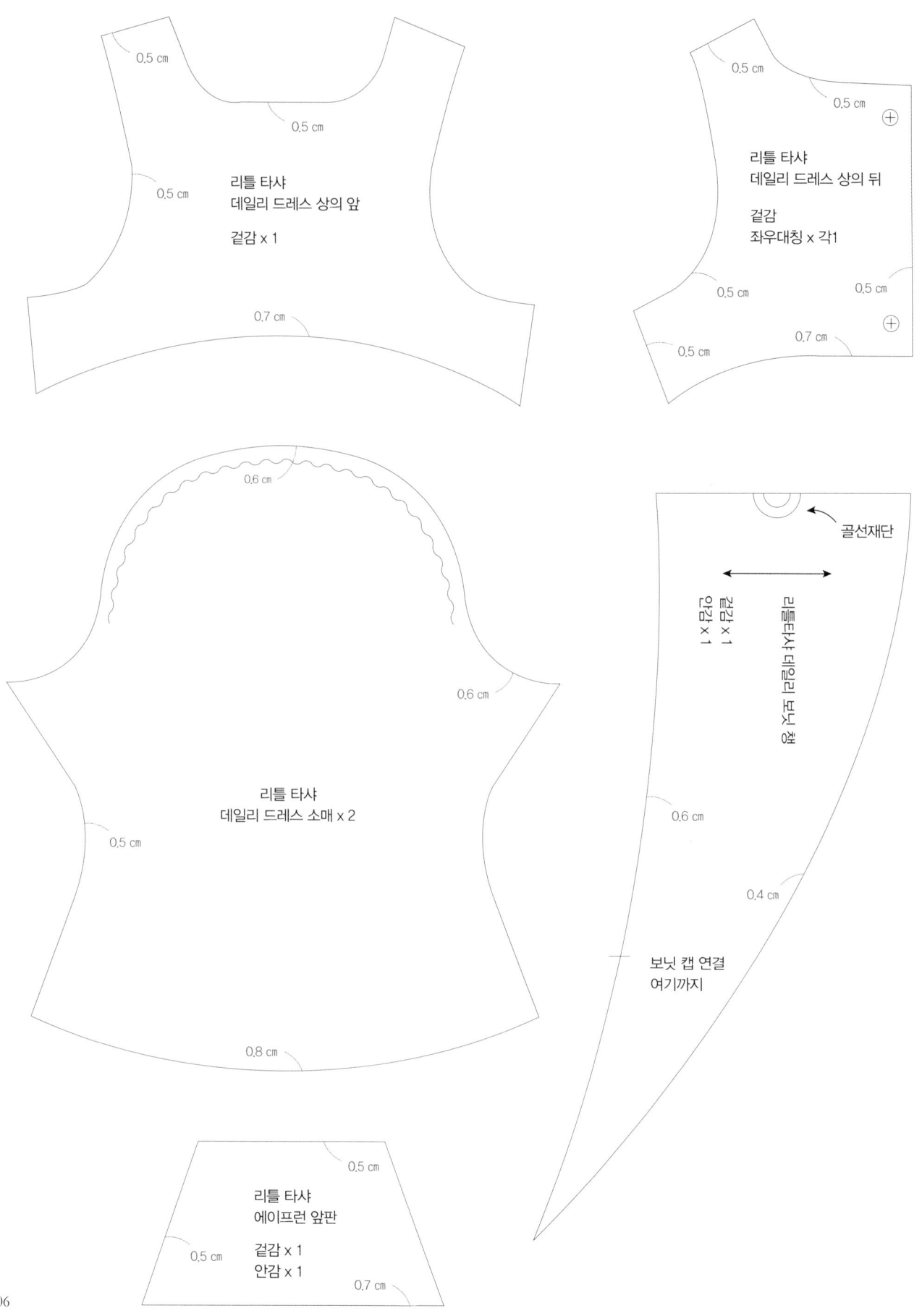

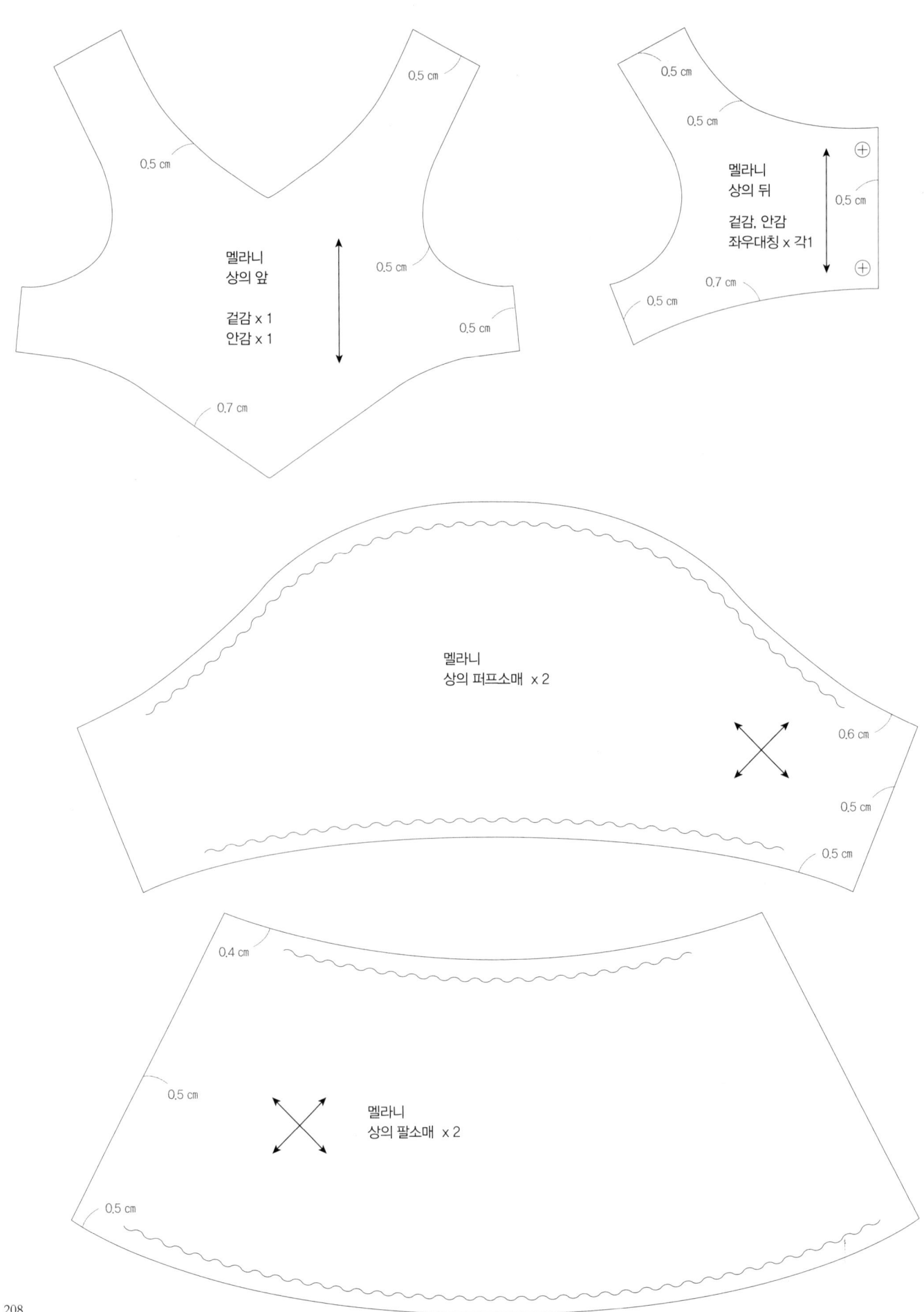